Élizabeth Leblanc-Coret
Dr Pierre Coret

Bien communiquer avec son ado

jouvence ÉDITIONS

Les dossiers de PsychoEnfants

Les dossiers de *PsychoEnfants* aux Éditions Jouvence

Mon bébé refuse de manger, Vanessa Saab et William Memlouk, 2010

Mon ado est addict, Brigitte Mary et Laurent Delhomme, 2010

Les liens mère-enfant, Juliette Allais, 2010

Extrait du catalogue Jouvence

Préparer son accouchement, Sophie Gamelin-Lavois, 2009

Accompagner la future maman, Sophie Gamelin-Lavois, 2009

Les grands-parents dans tous leurs états émotionnels, Vittoria Cesari Lusso, 2008

Être parents sans cesser d'être amants, Yves-Alexandre Thalmann, 2008

Catalogue gratuit sur simple demande

Éditions Jouvence

France : BP90107 – 74161 Saint Julien en Genevois Cedex

Suisse : CP 184 – 1233 Genève-Bernex

Site Internet : **www.editions-jouvence.com**

Mail : info@editions-jouvence.com

ISBN 978-2-88353-791-0

Maquette de couverture : Dynamic 19, Thonon-les-Bains (74)

Dessin de couverture : Jean Augagneur

Mise en page : Nelly Irniger, Fillinges (74)

Sommaire

AUGAGNEUR

Introduction

L'ADOLESCENCE EST par excellence la période des grands bouleversements, la période où tout est instable, la période où, écorché vif, l'adolescent va passer de l'hilarité la plus provocante au désespoir le plus secret. Nous sommes toujours désarçonnés quant à nos intentions de bien faire pour le comprendre et l'accompagner au mieux. À l'heure de l'uniformisation de la pensée et des comportements où il s'agit toujours de « bien faire », c'est une véritable gageure que de prétendre écrire un ouvrage sur « Bien communiquer avec son adolescent ». Car il n'y a pas de méthode universelle qui puisse permettre de toujours trouver immédiatement le comportement juste. Ce qui sera très adapté pour l'un pourra être catastrophique pour l'autre. Ce n'est pas non plus un enseignement psychologique trouvé chez les auteurs les plus cotés qui permettront de trouver la réponse la plus adaptée. Alors, comment faire ?

Le grand paradoxe de la situation, c'est qu'au moment où l'on commence à avoir le sentiment de bien connaître son enfant, de nouveaux modes de communication doivent s'établir. La connaissance mutuelle fondée sur toute une histoire commune nous amène, par exemple, à devoir renoncer à l'appeler « mon Poussin » ou « ma Bibiche », surtout devant des tiers ! Ce qui fonctionnait avant ne fonctionne plus du tout, le changement s'effectuant quasiment du jour au lendemain.

L'adolescence d'un enfant est un bouleversement pour toute la famille, remettant en cause l'ordre établi, ébranlant les certitudes et réveillant chez les parents les tourments de leur propre adolescence. Comment exiger de l'autre qu'il change, si nous-même nous ne sommes pas capable du moindre changement ? Accepter la remise en question n'a rien à voir avec une perte d'amour ou d'autorité… Bien au contraire ! Quand le fil est tendu à l'extrême avec un adolescent, il importe que chacun fasse un pas vers la détente, et il appartient au plus sage, en principe le parent, de faire le premier pas. Il n'est plus alors question de *faire*, mais d'*être avec*.

C'est une période tout à fait propice au juste repositionnement de chaque membre de la famille. La répartition des rôles est primordiale, parents et enfants n'ont pas la même position, ni la même responsabilité. Le parent est un modèle, un leader et un guide. Le jeune doit accepter que ce n'est pas lui le chef. Il doit aussi se confronter à des figures parentales auxquelles il puisse s'identifier.

Redonner sa place à une juste autorité, c'est établir un contenant rassurant. Ainsi, des règles de fonctionnement de la famille clairement définies constitueront une référence sécurisante pour tout le monde. Cela permettra de tenir bon face aux critiques acerbes qui ne manqueront pas de fuser.

En tant que parents, nous devons toujours avoir en mémoire qu'il est normal que notre relation avec notre jeune ait des hauts et des bas, en raison des ajustements indispensables aux changements qui surviennent durant l'adolescence. Tout conflit peut être profitable, à condition que chacun soit respecté dans ce qu'il est.

Il est parfois bien difficile de voir son enfant grandir, nous échapper, prendre son envol dans des voies qui ne sont pas les nôtres et que nous avons bien du mal à discerner. Non, ses investissements à l'extérieur ne sont pas des trahisons. Aimer d'autres personnes que ses parents, ce n'est pas cesser de les aimer.

À l'inverse, il est important pour l'adolescent d'être sûr de conserver l'amour et l'affection des parents quand il part vers d'autres horizons. Il a aussi besoin d'être sûr qu'ils ont bien identifié et reconnu ses qualités et talents spécifiques, même si, par ailleurs, ils refusent certains de ses comportements et de ses choix. Ces assurances constituent un socle solide qui sera déterminant pour qu'il puisse s'inscrire positivement dans le collectif.

Toute communication repose sur la connaissance et l'acceptation de la différence de l'autre. Ne pas avoir le même point de vue ne signifie pas être en conflit. La vérité universelle n'existe pas et chacun doit être en mesure d'être entendu dans ses divergences d'opinion. Mais, dans ces moments-là, le dialogue ne sera possible que si les parents savent déployer des qualités de présence, d'écoute, de respect et... de patience, car en pleine adolescence le jeune, lui, n'en est guère capable.

En effet, si l'adolescence correspond à la naissance au monde des adultes, c'est dans la réussite de cette naissance que va se jouer la mise en place du monde de demain. C'est non seulement l'avenir de notre adolescent, mais aussi l'avenir de notre société qui en dépend !

Savoir écouter au-delà des mots, savoir écouter au-delà des possibles de nos représentations les plus idéalistes. Voilà un autre grand défi que nous lancent nos adolescents !

Nous serons amenés dans un premier chapitre à redéfinir quelques notions de bon sens. Puis nous prendrons le problème d'un point de vue chronologique, en commençant par la préadolescence avec la période dite de latence qui se situe entre la période œdipienne, qui se termine en principe vers 6-7 ans, et les premiers signes pubertaires vers 11-12 ans. Nous parlerons ensuite de la crise d'adolescence qui commence avec la première poussée pubertaire et connaît son apogée entre 15 et 18, voire 20 ans. Et nous terminerons par un chapitre sur les premiers pas dans la vie adulte.

À chacune de ces étapes, il nous appartiendra de tenter un retour en arrière vers notre propre histoire et tout le processus que nous avons nous-même traversé pour naître au monde des adultes. L'une des grandes erreurs parentales est, bien entendu, de demander à notre adolescent de tenter de réparer ce qui, dans notre propre processus de naissance au monde, a pu être blessé. C'est dans cette qualité de vigilance, à nous-même et à notre propre intériorité, que nous vous invitons à entamer cette lecture.

I

Bien comprendre pour bien communiquer

POUR BIEN COMMUNIQUER, il est essentiel de bien comprendre ce qui se passe. Chercher à comprendre l'autre, ce n'est pas adhérer à son point de vue, c'est être capable d'établir un pont entre son opinion et le nôtre. Que de conflits démarrent sur des malentendus ou des interprétations mal posées ! Si on parle beaucoup de l'adolescence et de ses difficultés, il est plus rare d'entendre parler du monde intérieur de l'adolescent. Car les bouleversements ne sont pas seulement hormonaux. Au-delà des modifications corporelles, c'est une transformation radicale de la psychologie du jeune qui s'opère. Il nous semble donc essentiel de poser en préalable la description de ce qui se passe entre 11-12 et 19-20 ans mais aussi de redéfinir ce que c'est qu'être parents – être une mère et être un père – et comment ces fonctions doivent s'adapter à l'enfant qui grandit.

Que se passe-t-il dans le monde intérieur de l'enfant en pleine métamorphose, tant physiologiquement que psychologiquement, et qu'en est-il des répercussions dans la vie relationnelle à soi-même et à l'autre ? Que se passe-t-il chez cet enfant que l'on pensait si bien connaître et que, tout à coup, on ne comprend plus ?

Qu'est-ce que l'adolescence ?

L'adolescence est la période de transition entre l'enfance et l'âge adulte. On en parle volontiers comme d'une seconde naissance. Effectivement, ce qu'il y a de commun entre l'adolescence et la petite enfance – disons les trois premières années – ce sont une croissance physique et une transformation corporelle radicales, un formidable essor intellectuel, la découverte du monde avec un regard neuf qui entraîne des changements profonds dans les relations à soi-même et à l'entourage. Ajoutons à cela l'importance de la vie émotionnelle d'autant plus expressive que les mots manquent pour exprimer cet incroyable bouleversement intérieur. Le petit se roulera par terre de colère, le grand partira en claquant la porte. Et quand la pudeur ou l'inhibition empêche l'expression émotionnelle, le corps prend le relais : la petite enfance, comme l'adolescence, est une grande période de « petites somatisations » – maux de tête ou de ventre, trouble du sommeil... qui remplacent les mots qui ne peuvent se dire.

On retrouve aussi la même rage de vivre, la même impatience, la même intolérance à la frustration, la même prétention à tout savoir faire sans l'avoir appris et sans prendre le temps d'apprendre...

La grande différence néanmoins, c'est que l'adolescence démarre sur quelque chose qui existe déjà. Il a déjà au moins onze ou douze ans de vie, d'expériences, de croyances, de repères qui vont être passés au crible d'une nouvelle conscience et d'une nouvelle manière de voir les choses, dans un souci de dégagement de ce qui a pu être imposé pour trouver sa propre identité.

Les changements corporels

Fondement de la conscience de soi, le corps qui s'était doucement modifié au cours des années va brutalement connaître une mutation portant non seulement sur la taille mais également sur sa forme, qui va acquérir les caractéristiques de son sexe.

Les premières modifications sont tout d'abord discrètes : sous la pression de l'activité hormonale, c'est l'apparition des premiers poils, des seins chez la jeune fille avec, surtout chez cette dernière, des sautes d'humeur allant du fou rire à la crise de larmes, de l'exaltation à la déprime. Puis le jeune commence à grandir. Il arrive qu'un garçon prenne plus d'un centimètre par mois. Les pieds grandissent, les épaules s'élargissent, la taille s'affine, la voix mue, le nez s'allonge, les boutons d'acné apparaissent... Le corps prend ses caractéristiques féminines ou masculines. Il n'est pas rare que s'établisse dans un premier temps un physique « ingrat » bien difficile à vivre. Que faire de ce grand corps nouveau et inconnu ? L'adolescent se cogne, devient maladroit, l'adolescente cherche à cacher ses seins naissants et commence à être préoccupée par des questions de poids.

L'image de soi est fortement perturbée car, devant une telle rapidité de changement, le psychologique ne suit pas ! Il est fréquent qu'une toute jeune fille soit traumatisée par des regards concupiscents sur ses formes naissantes, convoitise sexuelle à laquelle elle n'est pas prête à répondre et dont elle ne sait que faire. Il n'est pas rare qu'un jeune garçon soit désarçonné par l'attente qu'on a de lui, parce qu'il « fait plus que son âge » et qu'il se sent incapable et en échec.

Cette période est diversement vécue et dépendra beaucoup de l'entourage. Elle peut avoir été ardemment attendue, surtout si les copains ont fait leur puberté plus tôt : devant des amis plus grands et plus forts, le garçon peut vivre douloureusement d'être petit et malingre. À côté d'amies « déjà formées », l'adolescente se trouve petite fille. À l'inverse, cette transformation peut être très perturbante, surtout si elle est précoce : pas facile de mesurer quinze centimètres de plus que les autres ou d'être seule à être tenaillée par des règles douloureuses.

Même s'il n'en parle pas, l'adolescent est très préoccupé par ces transformations souvent disharmonieuses au début. Il aura besoin d'être informé et rassuré sur les différentes étapes de sa croissance.

L'éveil de la sexualité n'est pas non plus une mince affaire. Le jeune ressent des pulsions dont il ne sait que faire. Ni à qui en parler. Même s'il a été jusqu'à présent très communicatif, il aura scrupule à aborder le sujet, surtout avec ses parents. Ses premiers émois sexuels resteront secrets, ou partagés seulement avec un très petit nombre d'amis très intimes. Et que de questions sur son propre sexe ou le sexe opposé, sur la sexualité, sur l'acte sexuel ou sur le désir ne peuvent être posées, par pudeur ou par honte d'avoir de telles pensées. C'est un sujet que les parents ne peuvent pas aborder d'eux-mêmes car il convient de respecter l'intimité naissante de l'enfant. Par contre, quand celui-ci arrive à dépasser sa pudeur en posant une question, il est important d'y répondre en toute simplicité.

Plus tard, quand la croissance se ralentira, que la taille et la morphologie se seront stabilisées, quand le jeune se sera familiarisé avec son corps, il investira pleinement sa polarité sexuelle. Il s'identifiera aux personnes du même sexe que lui pour gérer la relation aux personnes du sexe opposé et la sexualité deviendra l'un des principaux sujets de discussion avec ses copains.

Les changements comportementaux

Parallèlement aux changements corporels, on est souvent surpris par la rapidité du changement de regard sur le monde. En effet, une mutation de l'ordre du mental s'opère aussi : les capacités intellectuelles s'accroissent de 30 % et le sens de l'analyse et du jugement se développent grâce à l'apparition de la pensée formelle qui permet de raisonner de façon abstraite. Avec ces nouvelles aptitudes, le jeune porte un regard plus critique sur le monde des adultes et il ne s'en prive pas ! Ce qui passionnait l'enfant indiffère ou ennuie l'adolescent. C'est parfois même avec beaucoup de mépris qu'il considère aujourd'hui ses passions d'hier. Il commence à donner son opinion sur les « choses du monde », opinion en général abrupte, sans réels fondements sur la connaissance du problème, et qui est affirmée comme une vérité universelle à laquelle il s'agit d'adhérer. C'est comme si le monde commençait à exister avec cette nouvelle conscience, d'où la prétention et l'arrogance de certains propos. Mais derrière cette toute-puissance, il y a aussi l'ouverture de conscience sur les aberrations du monde, sur les injustices, et il y est particulièrement sensible. C'est pour lui l'horreur car, quoi qu'il en dise, il se sent impuissant et vulnérable. Ce sentiment diffus souvent le submerge d'une manière insupportable. Alors pour ne pas succomber au désespoir, il se moque du monde, manie la dérision et le cynisme, fuit le réel dans ses rêves ou le virtuel de l'informatique. C'est moins dangereux de parcourir le monde sur Internet ! Il peut se montrer à certains moments déçu, désabusé, blasé. C'est le « no-futur », le non-sens de sa vie qui lui apparaît. Il arrive aussi que, pour combattre cette dépression plus ou moins latente, il s'engage dans un combat politique ou spirituel, mais en manquant singulièrement de discernement, fasciné ou capté comme il peut être par une personne très charismatique ou un groupe. Il ne connaît pas grand-chose encore de la perversité du monde et de ses mirages, et c'est une proie facile pour tous les prédateurs, sectaires ou autres. Les parents doivent impérativement maintenir un droit de regard à cet endroit, c'est absolument essentiel même si les précautions et réticences parentales sont violemment combattues. Plutôt que d'interdire, ce qui provoque en général la réaction inverse, il s'agit de l'aider à réfléchir en se posant les bonnes questions sur les valeurs et finalités du mouvement qui l'attire autant.

> Entendons-nous bien, les emballements et les engagements sont en eux-mêmes très positifs puisqu'ils vont permettre à l'adolescent en quête de sens de donner une valeur personnelle à sa vie, mais il a besoin d'un « comité de vigilance » pour l'aider à discerner ce qui est vraiment constructif pour sa vie. Toute activité ou mouvement qui passe par la rupture d'avec la famille est à proscrire sans appel.

Les adolescents se projettent peu dans l'avenir, d'où l'exigence de l'immédiateté. D'où la difficulté aussi à admettre d'avoir à développer des qualités comme la patience, l'anticipation, la lenteur de l'apprentissage, la persévérance, l'effort... C'est tout tout de suite, la satisfaction immédiate de ce qu'ils veulent, l'effacement immédiat de ce qui les dérange. Les recommandations parentales de prudence, de penser à l'avenir, d'être raisonnable... ne rentrent pas dans leur champ de compréhension et sont parfois violemment rejetées. Dans le fond, ils sont très sensibles à l'angoisse parentale, qui rejoint leurs propres incertitudes quant à l'avenir. Ils peuvent ressentir cela comme un manque de confiance dans leurs capacités et leurs potentiels. Ils ont en réalité terriblement besoin d'être rassurés ! Et cela est encore renforcé par les obligations d'orientation que la scolarité leur impose à différents moments. On leur demande de choisir pour leur vie professionnelle à un moment où les bases de leur vie d'adulte ne sont pas encore bien posées. Sans dialogue avec des adultes qui aident à réfléchir, à discerner et à choisir, comment s'en sortir ? Discuter, élaborer, ce n'est ni conseiller ni choisir pour l'autre. L'adolescent n'a pas besoin de cela. Ce qui peut vraiment l'aider, c'est de lui exprimer comment, en tant que parent, on voit les choses compte tenu de ce qu'on sait de lui mais sans lui imposer quoi que ce soit. Ce sont des éléments de réflexion qui, tout en le laissant libre de ses choix, vont lui servir de référence.

La vie relationnelle

Toute modification physiologique de cet ordre s'accompagne forcément de modification relationnelle. Mais il est vrai que, même sur ce ton ouvert et respectueux, la communication est difficile avec l'adolescent, car arrive le moment où il préfère créer sa propre intimité, dans laquelle les amis prendront de plus en plus d'importance, tandis qu'il se distanciera graduellement de ses parents. Les petits mots tendres, les gestes affectueux, les surnoms de la part des parents ne sont plus acceptés. Néanmoins, quittant le groupe familial, l'adolescent a besoin de retrouver dans un groupe de référence ce miroir qui lui renvoie l'image de son existence. Un groupe d'amis qui se crée instaure ses règles, ses références, renforçant ainsi ce sentiment d'appartenance tellement essentiel pour l'équilibre de l'individu. C'est pourquoi il arrive qu'un jeune qui a du mal à communiquer puisse se retrouver dans une solitude extrême, douloureuse, parce qu'il ne trouve pas dans son entourage des personnes qui résonnent de la même manière que lui. Sa tendance sera alors de se renfermer, avec un accroissement de la vie fantasmatique qui risque de l'isoler encore plus.

> Les codes de la vie relationnelle sont difficiles à acquérir. Ils s'apprennent parfois rudement au contact des différents groupes sociaux auxquels on se confronte, en en intégrant les différentes règles, ce qui demande beaucoup de concessions et de renoncements. Particulièrement à ce sujet, l'ambivalence de l'adolescent rend la communication difficile car, s'il rejette les références familiales, celles-ci restent et doivent rester actives. Il arrive que des parents soient félicités pour l'amabilité, l'ordre et la ponctualité de leur adolescent, qui se révèle ainsi absolument charmant partout... sauf à la maison !

L'adolescence est un passage, une étape intermédiaire entre l'enfance, où l'individu est en quelque sorte cadré par sa famille et l'école, et l'âge adulte où ses modalités de fonctionnement reposeront sur l'intégration des règles et des lois. Cette transformation est étroitement liée à celle de l'image de soi. Alors que pendant l'enfance, les parents, la famille, les enseignants, les amis servaient en quelque sorte de miroir dans lequel l'enfant se percevait, à l'adolescence la perception de soi va davantage s'ancrer dans le ressenti intérieur, les sensations, les émotions, les fantasmes, les idéaux... tout un monde intérieur qui va se glisser entre la conscience et la perception du monde.

Prenant davantage conscience de lui-même et du fait qu'il est un individu distinct des autres, le jeune adolescent va vivre cette situation inconfortable de ne plus avoir les références de son enfance, sans encore savoir qui il est ni qui sont les autres. Entre la tentation d'une régression à un stade antérieur – mais dont il sent le danger de perte de soi – et l'exaltation de la course en avant – dont il sent qu'il n'a pas encore les moyens –, l'adolescent oscille dans des attitudes contradictoires, difficiles à suivre pour l'entourage. Il cherche à tout prix à se distinguer en rejetant en particulier les habitudes familiales, à se montrer original – unique en son genre – tout en prenant soin d'avoir les mêmes attitudes que son groupe de copains en matière de vêtements, sorties, musique, jeux vidéo, fréquentations... Il a des projets extraordinaires, mais ne se donne pas les moyens de les réaliser. Il proclame à grands cris sa maturité et son autonomie, mais est complètement perdu dès que son tee-shirt est déchiré ou qu'il a mal à la gorge. C'est cela l'adolescent : entre le bébé et l'adulte, passant de l'un à l'autre à un rythme que les parents ont bien du mal à suivre. D'ailleurs les reproches sont en alternance « tu ne t'occupes jamais de moi, tu ne t'intéresses pas à moi » et « lâche-moi, laisse-moi vivre ma vie, tu m'empêches d'exister », parfois dans la même phrase !

Mais au fond, qu'attend l'adolescent de ses parents ? Ce que tout enfant attend de ses parents, mais sous des formes différentes.

Qu'est-ce qu'être parent ?

Avant tout, le rôle des parents, c'est d'amener l'enfant à l'âge adulte en ayant créé au fur et à mesure de ses besoins et capacités toutes les conditions favorables à l'acquisition d'une réelle autonomie.

Les fonctions parentales

Les « parents », c'est une mère et un père qui, dans le meilleur des cas, conjuguent leurs conceptions de l'éducation et le regard qu'ils portent sur l'enfant.

Les fonctions maternelle et paternelle ne sont pas équivalentes mais complémentaires. Si la fonction maternelle est préférentiellement portée par la mère (ou la personne qui en fait fonction) et la fonction paternelle préférentiellement portée par le père (ou la personne qui en fait fonction), chacun des parents doit aussi assumer l'autre fonction.

- **La fonction maternelle** est plutôt consacrée au corporel et à l'émotionnel. À l'aube de la vie, c'est la mère qui, prenant soin de son bébé à travers les soins corporels, lui transmet « le mode d'emploi du corps », c'est-à-dire la perception et les modes d'assurance des besoins élémentaires. Proche affectivement de son enfant, elle aussi est là pour expliquer la signification des ressentis sensoriels et émotionnels. C'est souvent la mère qui reçoit les confidences de son enfant, l'aidant à s'y retrouver dans la complexité de la vie affective. La mère s'occupe de l'être par des soins qui vont établir la base essentielle de la connaissance de soi-même. Les psychanalystes parlent de sécurité de base. Plus tard, l'enfant devenu grand sera à même d'assurer lui-même la satisfaction de ses besoins fondamentaux.

- **La fonction paternelle** est davantage consacrée au faire, aux agissements, dans le rapport au monde et à soi-même. Le père encourage, soutient l'action et les initiatives, félicitant les réussites et encourageant à dépasser les échecs. En même temps, il responsabilise l'enfant en lui faisant prendre conscience des limites en lui et autour lui, et en l'encourageant à les respecter. Avant tout, le père est le représentant de la loi, au sens large du terme, c'est-à-dire la connaissance que chacun, à partir de sa majorité, est responsable de lui-même, de ses actes et de leurs conséquences. Vivre, ce n'est pas faire ce que l'on veut, où l'on veut, quand on veut. *« La liberté de chacun s'arrête là où commence celle des autres. »* Ce sont les repères fondamentaux de la vie en société.

Cette complémentarité entre les deux fonctions se traduit par une complémentarité de comportement dans la relation à l'enfant : la mère négocie, temporise... le père pose des références fermes et non négociables... C'est la conjugaison souple des deux positionnements qui va permettre à l'enfant d'acquérir en toute sécurité et en se sentant respecté dans sa difficulté à accepter la frustration de ses élans le « mode d'emploi » de la vie en société.

À tout stade de développement, l'autorité est essentielle car elle donne à l'enfant les limites de son fonctionnement, qu'elle soit portée par les parents, par les enseignants ou par les éducateurs. Elle lui apprend que vivre ce n'est pas simplement faire ce que l'on a envie de faire, mais que, pour sa sécurité et la sécurité du groupe, il doit mettre un frein à ses envies et à ses pulsions. Tout n'est pas permis, mais, a priori, le petit enfant ne le sait pas. C'est tout au long de son éducation qu'il va apprendre ce qu'il peut faire et ce qu'il ne peut pas faire. Et si l'autorité est bien posée, il va prendre conscience de la valeur et de l'importance des contraintes.

À l'adolescence, c'est cette même question du sens des limites qui se trouve à nouveau posée. Dans sa quête éperdue de repères (même s'il affirme tout savoir de la vie), l'adolescent considère comme inadmissible la moindre règle s'il n'en comprend pas la finalité. Non, les interdits et les obligations ne sont pas faits « seulement pour les embêter ». Ils sont nécessaires à la structuration de l'individu, du groupe et de la relation entre les deux. Encore faut-il que l'adolescent en ait conscience. C'est avant tout le rôle des parents que de transmettre cette connaissance.

> Il faut bien entendre que l'autorité n'a rien à voir avec l'autoritarisme. L'autoritarisme, c'est imposer sa volonté à autrui, parfois avec violence, sans tenir aucunement compte de lui. L'autoritarisme a directement à voir avec l'absence d'autorité réelle, ce qu'on peut appeler justement un manque de fonction paternelle. Il ne s'adresse pas au « faire » de l'enfant mais s'attaque à sa personne, sans aucune considération pour ce qu'il est. C'est une violence extrême faite à son intégrité. L'autorité, elle, se pose sans violence ni agressivité car elle est naturelle

et nécessaire. Ce ne sont pas les pulsions ou les élans de l'enfant qui sont mauvais mais leur forme. La juste autorité s'occupe de les accueillir en leur donnant une forme acceptable et constructive.

Et l'enfant ne s'y trompe pas. Quand on lui interdit ou impose quelque chose, il commence par exprimer son désaccord et sa frustration par une bouderie, des pleurs ou une bonne colère, mais, un moment plus tard, on peut constater combien il est à l'aise car il est sécurisé. Tout en devant se plier à certaines contraintes éducatives, il s'est senti respecté.

Certains parents disent : « *Si j'interdis cela à mon enfant ou si je le gronde, il ne va plus m'aimer.* » Et, de fait, quel parent ne s'est pas entendu dire : « *Tu es le (la) plus méchant(e) des papas (mamans). Je ne t'aime plus !* » Heureusement que le sentiment d'amour n'est pas réductible au fait de satisfaire tous les caprices ! Aimer son enfant, ce n'est pas tout lui passer, c'est lui donner les moyens de s'épanouir tout en respectant les réalités contraignantes de la vie. Plus les parents assument ce rôle, plus l'enfant est confiant, car il sent que l'on prend soin de lui et que c'est parce qu'il est important aux yeux de ses parents que ceux-ci lui imposent des contraintes.

Être parent d'un adolescent

Tout ce qui vient d'être dit est particulièrement actif à l'adolescence où le jeune qui découvre le monde va passer au crible tous les comportements de ses parents, critiquant, méprisant, ne passant aucune contradiction et usant de sa toute-puissance pour faire valoir son opinion. Bien sûr, il nie le bien-fondé de toute restriction à son désir. La position parentale est mise à rude épreuve et il semble judicieux ici de rappeler quelques notions de bon sens :

- les positions de parent et d'enfant ne sont pas égales. Si chacun a, bien sûr, droit au respect, les règles de vie commune (horaires, ordre, propreté, langage...) sont finalement fixées par les parents, même si elles ont fait l'objet d'une discussion familiale. Certes la vision parentale du monde est subjective et discutable, mais c'est la leur et, quoi qu'en pense l'adolescent, elle doit être respectée ;
- les enfants vivent chez leurs parents et non l'inverse. Si l'on peut considérer sa chambre comme son territoire, il n'en est pas de même pour le reste du logement et il n'a pas à envahir toute la maison de son désordre ;
- les parents ne sont pas les copains de leurs enfants. Ils n'ont pas à partager leur intimité ni leurs transgressions ;

- les parents ont des devoirs d'éducation envers leurs enfants, ce qui passe nécessairement par le fait de poser des règles, de les faire respecter et de les respecter eux-mêmes. Ils ont aussi le devoir de faire respecter les lois des groupes auxquels participe l'adolescent. Le fait de contrer systématiquement et sans discernement une autorité extérieure (une décision scolaire par exemple) est catastrophique pour l'adolescent qui trouve là le moyen de se soustraire à toute autorité ;
- par contre, comme leurs enfants, les parents n'ont pas l'obligation d'être parfait ni irréprochable. Il n'est pas souhaitable non plus qu'ils le fassent croire. Ce qui est dommageable, ce n'est pas tant l'erreur qu'on peut commettre, c'est le refus de la reconnaître et de se remettre en cause.

Si les parents n'ont pas de compte à rendre à leurs enfants, il est néanmoins souhaitable d'ouvrir le dialogue. Ce qui est sans doute le plus dérangeant chez l'adolescent, c'est qu'il a le chic pour pointer ce qui ne va pas chez ses parents. Rien ne lui échappe, aucune contradiction, aucune faiblesse, aucune compromission. Et s'il sait en jouer quand cela l'arrange, il sait très bien aussi en faire le reproche. Ses jugements sont cassants et sans appel. Dans son fonctionnement en tout ou rien, il n'a pas encore appris la tolérance... même s'il l'exige pour lui-même. Dans sa toute-puissance illusoire et fragile, il est finalement terrifié de constater que ses parents ne sont pas les êtres infaillibles comme il le croyait dans son enfance. Ce sont finalement des humains ordinaires, parfois même moins bien que les autres (c'est ce qu'il pense parfois, c'est toujours mieux chez les autres !), et il leur en veut beaucoup de cela. Mais ne nous y trompons pas, quand il pointe les failles, l'adolescent ne demande pas à ses parents d'être parfaits. Lui-même étant loin de l'être – on le lui rappelle suffisamment souvent ! –, il leur demande comment on fait pour vivre sans être irréprochable. Il vient chercher des repères et c'est là une occasion exceptionnelle de remise en cause... des parents vis-à-vis d'eux-mêmes. Accepter d'être dérangé tout en restant fidèle à soi-même et sans pour autant se départir de son rôle parental peut être le point de départ d'une aventure intérieure qui peut transformer et vivifier l'existence. Accepter de se remettre en cause, de redéfinir pour soi la validité des règles, des interdits et des obligations, c'est être mieux à même d'en transmettre le sens et la finalité. Comment exiger de l'autre qu'il change, si nous-même nous ne sommes pas capable du moindre changement ? Accepter la remise en question n'a rien à voir avec une perte d'autorité. Reconnaître une erreur, au contraire, peut établir une relation de confiance et instaurer un dialogue constructif. À l'inverse, sans excuser les fautes et les transgressions de l'adolescent, discuter pour en comprendre leur origine plutôt que de juger sur les conséquences permet de mieux les résoudre et les dépasser.

> Qu'on le veuille ou pas, l'adolescence de nos enfants nous amène à recontacter notre propre adolescence, les révoltes et les souffrances que nous avons pu rencontrer et comment nous nous y sommes pris pour nous en sortir. Certains de leurs agissements nous rappellent quelque chose ! Certes les expériences des uns ne servent pas aux autres, mais leur souvenir peut permettre de mieux comprendre ce qui se passe dans le monde intérieur de notre enfant. Parler de soi, des questionnements et des difficultés rencontrés au cours de notre propre adolescence ouvre un espace de confiance où le dialogue bien souvent remplace le silence hostile de la souffrance vécue en solitaire.

L'adolescence des enfants est souvent le moment où se révèlent des dysfonctionnements relationnels anciens, qui jusqu'à présent étaient passés inaperçus. Dans ce dur métier de parent, des lambeaux de notre propre enfance viennent interférer avec ce qu'on devrait ou voudrait faire, et nombreux sont les pièges qui font que, malgré nos bonnes intentions, nous ne pouvons être dans une bonne communication car nous ne sommes pas dans une position juste vis-à-vis de nos enfants.

Les types de comportement parental

Malgré l'amour que nous portons à notre enfant et notre sincère volonté de bien faire, il arrive bien souvent que des perturbations affectives souterraines – résidus souvent inconscients de notre propre souffrance d'enfant – viennent perturber la relation. Pour rendre la compréhension plus aisée, prenons l'exemple d'un préadolescent.

Bertrand, 11 ans, rentre du collège avec sa tête des mauvais jours. À la question « *Comment s'est passée ta journée, mon garçon ?* », vous entendez le sac voler sur le canapé et lui de vous répondre : « *Nulle. De toute façon, les profs me détestent, ils m'en veulent. Je ne veux plus retourner au collège !* » Et à peine avez-vous fini de vous sécher les mains qu'il s'est déjà précipité dans sa chambre dont vous entendez claquer la porte. Si vous tentez de le rejoindre, il vous renvoie violemment en vous disant : « *De toute façon, tu ne comprends jamais rien. Fiche-moi la paix !* » Interloqué, vous vous posez alors une première série de questions : de quoi souffre-t-il réellement ? Qu'est-il en train d'exprimer et comment puis-je y répondre ? Questions qui renvoient à un autre niveau de questionnement : quel mode de relation est-ce que j'entretiens avec mon garçon et comment l'aider sainement ?

Pour tenter de répondre à ces questions, nous devons en premier lieu définir les types de relation pouvant exister entre parents et enfant. On peut grosso modo en définir quatre. Certes, ces modes vont être présentés de manière un peu caricaturale, et l'on peut facilement passer d'un mode à l'autre, mais il est important de pouvoir reconnaître la part de nous qui peut se laisser « posséder » par l'un ou l'autre de ces modes qui, ainsi, risquent de bloquer définitivement la communication avec notre enfant.

La relation fusionnelle

C'est le mode de relation qui pose le plus de problèmes et que nous rencontrons le plus souvent dans nos consultations car on le confond avec l'amour ! L'enfant est le centre de toute attention et de toute préoccupation. Il est placé au cœur de l'espace intérieur du parent et ce dernier s'impose au cœur de l'espace intérieur de l'enfant. Celui-ci se soumet d'autant plus volontiers aux désirs de ses parents qu'il est considéré comme un enfant-roi.

> Il est important de comprendre que la relation fusionnelle que nous entretenons dès le départ avec notre enfant est parfaitement naturelle et nécessaire pour lui permettre de se sentir en sécurité dans le berceau familial. C'est parce que ses parents l'ont désiré ou complètement accepté et vont répondre au mieux à ses besoins qu'il va

pouvoir se constituer une sécurité de base, fondement de la construction de sa personnalité. Mais ce qui est vrai au début de la vie du bébé cesse progressivement de l'être et il s'agit de savoir « couper le cordon ombilical » au fur et à mesure de la croissance de l'enfant.

Un parent fusionnel, c'est celui qui sait et fait pour son enfant, qui devance le moindre souhait, qui ne supporte pas la moindre manifestation de contrariété – la confondant avec une souffrance extrême –, et cherche à lui éviter le moindre désagrément. Souvent, au sujet d'un tel comportement, on entend parler de « trop d'amour », de parents qui aiment trop leur enfant. Un tel comportement n'est pas réellement de l'amour, qui demande que l'autre soit reconnu dans sa dimension de différenciation.

Ici, la dimension projective est très importante : le parent fusionnel suppose en toute bonne foi que son enfant ressent les mêmes choses que lui, attend les mêmes choses que lui et souffre des mêmes choses que lui. En réalité, l'enfant en lui-même n'est pas considéré comme un être à part entière. Il est en quelque sorte un « morceau » de son parent, un prolongement de lui, chargé tout à fait inconsciemment de le rassurer et le combler. C'est comme si, sans nous en rendre compte, nous étions constamment en train de harceler notre enfant en lui demandant inconsciemment de combler tous nos désirs affectifs inassouvis. Ce faisant, nous lui demandons d'assumer la lourde tâche de donner du sens à notre vie, puisque nous ne sommes pas capable d'y trouver un sens en dehors de lui. Alors l'enfant va assumer de porter tout l'insupportable que nous avons à l'intérieur de nous-même et il va soit l'exprimer en étant déprimé ou agressif à notre place, soit tenter de nous « soigner » en étant le plus adorable des enfants, docile et gratifiant. En étant le porte-drapeau, l'écho de ce que nous ne voulons pas voir, de ce que nous ne voulons pas entendre de nos propres souffrances intérieures, il n'aura plus d'espace d'intériorité pour poursuivre son développement psychologique !

Mais pour que l'enfant parvienne à maturité, il faut l'aider à renoncer à la dimension fusionnelle du lien à ses parents. Il est indispensable que lui soit donnée une place où il est reconnu comme « autre » et non pas comme prolongement du désir de ses parents ! C'est pourquoi, à partir d'un an, l'enfant utilise si fréquemment le non pour poser la différenciation, signe qu'il commence à se constituer en lui une intériorité. Pour le petit enfant, le non n'a pas tant une fonction d'opposition qu'une fonction d'affirmation de son existence propre indépendamment de ses parents... ce que nous retrouverons dans de larges proportions à l'adolescence.

Si la relation fusionnelle a pu passer plus ou moins inaperçue durant l'enfance, si elle se pérennise au début de l'adolescence, l'enfant va avoir les plus grandes difficultés à se différencier de ses parents. On passe alors d'une dimension fusionnelle normale à ce que l'on appelle une « relation incestuelle ».

> La relation incestuelle ne fait nullement allusion à une intrusion sexuelle (on parle dans ce cas de « relation incestueuse »), mais d'une intrusion dans l'espace psychique que l'enfant cherche à se constituer. Dans la relation incestuelle, le parent « possède psychologiquement » son enfant, la plupart du temps de façon tout à fait inconsciente. D'où le terme de « relation incestuelle » qui souligne qu'il y a là transgression de cette loi fondamentale de différenciation qui spécifie l'espèce humaine dans le règne du vivant.

Dans un tel cadre, on peut considérer la réaction de Bertrand comme très positive puisqu'elle constitue une tentative de sortir de la relation fusionnelle. Le problème est que, généralement, le parent va vivre cette réaction comme une attaque directe contre lui puisqu'il ne fait qu'un avec son enfant et que les deux espaces d'intériorité ne sont pas différenciés.

C'est face à une telle situation que le parent incestuel sera tenté par deux types de réactions extrêmes tout aussi négatives l'une que l'autre :

- ⇨ le parti pris inconditionnel de l'enfant dont on cherche à se faire un allié et qu'au maximum on essaie de séduire : « *Mon pauvre chéri, tu as complètement raison. Je ne supporte pas qu'on te fasse du mal. Dès demain j'irai voir ces sales profs et ils passeront un mauvais quart d'heure !* »
- ⇨ mais on peut voir apparaître aussi, à cause du refus de Bertrand d'ouvrir sa porte – tentative de différenciation – une réaction rejetante et culpabilisante : – « *Ce n'est pas étonnant. Tu as vu comment tu m'as envoyé bouler tout à l'heure ! Après tout ce que je fais pour toi ! Détestable comme tu es, je ne vois vraiment pas comment on pourrait t'aimer ! C'est bien fait pour toi !* »

Par cette situation assez banale, on voit comment l'enfant vient toucher le parent là où lui-même a pu être blessé au cours de sa propre enfance : face à une situation vécue comme injuste par l'enfant, le parent va s'identifier soit à la victime soit à l'agresseur. Ce n'est pas ce qui est arrivé à l'enfant qui va être entendu, mais la résonance que cette situation vient produire dans le monde intérieur du parent. Pour échapper à ces réactions néfastes, la seule possibilité pour le parent est d'accepter de se laisser toucher dans l'espace de ses propres blessures pour prendre soin de son propre enfant blessé dans son for intérieur. Il importe qu'il fasse tout un travail de différenciation d'avec son enfant en reprenant à sa charge les manques ou besoins qui lui appartiennent. Parallèlement, il doit faire l'effort d'écouter l'enfant dans ce qu'il est et accepter que s'établisse une juste distance avec lui, pour lui reconnaître son statut d'être humain à part entière.

Au-delà de ce premier niveau d'interrogation, il s'agit aussi d'entendre dans l'esclandre de Bertrand les messages du second degré, car si Bertrand est dans un lien fusionnel à sa maman, d'autres types de questions vont alors surgir :

- ⇨ s'il a toujours été très « couvé », la prise d'initiative et la nécessité de s'affirmer face aux autres peuvent être terrorisantes. S'il attend de ses professeurs d'être des mamans substitutives comme l'avait été sa précédente institutrice, il risque d'être fort déçu et de se sentir rejeté là où il n'y a que de l'invitation à l'autonomie !
- ⇨ le rôle des professeurs, surtout en 6e, est de transmettre à l'enfant un certain nombre de connaissances pour aller vers plus d'autonomie. Seulement, aller vers plus d'autonomie, c'est être déloyal par rapport à la relation fusionnelle à Maman. La solution adoptée par Bertrand peut-elle être alors de faire en sorte de se faire rejeter pour rester loyal à sa maman ?

Là encore, on pourrait formuler encore de nombreuses autres hypothèses que seule une relation privilégiée à l'enfant permettrait de confirmer. Dans ses tentatives d'autonomisation, le jeune a absolument besoin de la coopération parentale. La fusion se joue à deux et se défait à deux, dans la volonté mutuelle de trouver son individualité.

La relation rejetante

C'est en quelque sorte la situation inverse. L'enfant reste le centre de l'attention, mais en négatif. Il est ressenti comme décevant, insatisfaisant, désagréable voire insupportable. Tout ce qu'il fait est mal a priori et ce qu'il fait de bien n'est jamais valorisé, si tant est que ce soit reconnu. Ses élans affectueux sont accueillis avec froideur, voire refusés ou moqués.

De quoi cela provient-il ?

- Peut-être que l'enfant est arrivé à un mauvais moment, ce qui a empêché ses parents de mener à bien une carrière professionnelle, par exemple. Ce peut être un enfant qui n'a pas été conçu dans l'amour, mais « par accident » et refusé. Ou bien encore, conçu avec des intentions pas toujours avouables : *« Je l'ai fait pour lui faire plaisir »* ou *« pour me faire épouser »* ou *« pour rompre ma solitude »* ou *« pour accéder à un certain statut social »*...

- Un autre cas de figure est celui du parent ayant lui-même subi une grave maltraitance pendant son enfance et qui, n'ayant pas pu prendre soin de son enfant intérieur, va reproduire sur son propre enfant ce que lui-même a vécu. On voit là l'illustration de ce que Freud a appelé « le principe de répétition » qui veut qu'une situation psychologique traumatisante non assumée va être reproduite, comme pour tenter d'y trouver une résolution. C'est ainsi que, de génération en génération, la maltraitance peut se répéter...

- Il arrive aussi que l'attitude rejetante, opposée à l'attitude fusionnelle, lui soit associée car elle constitue l'autre pôle de l'ambivalence, processus fréquent des rapports affectifs. C'est l'alternance de l'amour et de la haine, de l'ouverture et de la fermeture à l'autre. Les moments d'amour sont si fusionnels qu'ils deviennent insupportables car ils mettent l'individualité en danger. S'ensuit alors un moment de rejet, de « détestation » de l'autre... qui devient à son tour insupportable tant le manque dans la rupture du lien est violent. On revient alors à la position fusionnelle et ainsi de suite.

Néanmoins, une certaine alternance est normale : on peut très bien prendre plaisir à être avec son enfant et avoir aussi besoin de se retrouver sans lui, en couple, avec des amis ou dans des activités auxquelles il ne participe pas, et prendre grand plaisir à se sentir libre. Il ne s'agit pas de rejet, ici, mais d'une nécessaire alternance entre présence et absence. Quand on devient parent, on ne cesse pas d'être « autre chose » que parent, c'est-à-dire aussi une personne qui a ses envies et ses besoins propres. Il est bon également que l'enfant ait sa vie à lui, en dehors de la présence parentale. Ce respect des intimités est nécessaire pour que chacun, parent et enfant, trouve ou retrouve son individualité. Sans elle, il n'y aurait pas moyen de sortir de l'enfermement fusion-rejet.

Mais, si le mouvement de distanciation réactionnel à la fusion est assimilé par le parent concerné à un rejet, c'est tellement culpabilisant pour lui que cela se manifeste par une violence extrême (certains cas d'infanticide ou d'abus physiques peuvent s'expliquer par ce « trop d'amour » !). Cette situation, heureusement assez rare, peut déboucher sur une situation de maltraitance.

La situation de rejet renvoie dans tous les cas à une forme de maltraitance, acceptée parce que faussement justifiée par des principes éducatifs, où l'enfant est désigné comme celui qui empêche de réussir ou d'être heureux. Il peut être aussi l'objet d'un chantage. En général, une telle transaction finit toujours par se payer, mais c'est toujours l'enfant qui en fait les frais au premier degré puisqu'il constitue un bouc émissaire idéal.

Dans le cas de Bertrand, voilà un nouveau prétexte de brimades : *« C'est bien la preuve que tu es vraiment nul ! »*, *« Ils ont raison de ne pas t'aimer, tes profs ! Ils sont déjà bien patients de te supporter ! »*, pourrait dire le parent maltraitant.

Cela constitue une extrême violence, car, à 10 ans, la parole parentale a valeur de vérité et l'enfant risque bien de garder cette blessure marquée au fer rouge pour le restant de ses jours en s'arrangeant pour toujours donner raison à maman ou à papa…

Il reste alors deux solutions à Bertrand :

- ⇨ soit s'identifier à l'image négative que ses parents projettent sur lui, d'une manière active : il va devenir effectivement le méchant garçon qu'ils décrivent, pas aimable du tout, pour bien leur montrer qu'ils ont raison dans leur jugement, dans une fuite en avant désespérée. Le risque est une forme de délinquance dans laquelle il est bien difficile de voir qu'il s'agit pourtant d'un réel appel d'amour ;

➪ soit s'identifier d'une manière passive à l'image négative : *« Je suis tellement mauvais que je ne mérite pas de vivre », « Personne ne m'aimera jamais »*. Le jeune sombre dans la dépression de l'enfant incompris qui désinvestit la relation aux autres ce qui risque d'aboutir à un suicide.

Ou encore, le parent maltraitant de Bertrand n'amène comme seule réponse qu'une violente correction.

À cela, la réponse la plus fréquente de l'enfant est la révolte contre le genre humain, vécu en toutes circonstances comme maltraitant, ce qui justifie a posteriori la violence et la maltraitance vis-à-vis des autres... Et il s'enferme dans un cercle vicieux bourreau-victime dont il aura bien du mal à se sortir.

> Il peut heureusement y avoir quelques exceptions, surtout quand une réussite scolaire ou un talent sportif par exemple est très valorisé et récompensé. Dans ce cas, l'enfant pourra s'identifier à ces succès qui s'opposent à l'image négative, ce qui lui permettra de se construire en évitant les dangers décrits précédemment. Mais il n'en demeurera pas moins traumatisé sur le plan affectif !

Ce qui est commun à ces différentes formes de rejet, c'est la violence. Qu'elle soit physique, verbale ou muette – un simple regard peut tuer ! – l'enfant lit toujours dans l'adulte en face de lui qu'il est mauvais. Et s'il est vécu comme mauvais, il s'identifiera à l'image qu'on a de lui, et se construira sur cette fausse image négative qui jouera un rôle prépondérant à l'adolescence, parfois dramatiquement.

C'est seulement le jour où l'enfant cessera d'être le bouc émissaire de l'échec affectif du parent qu'il retrouvera son statut d'individu digne de reconnaissance et d'amour !

L'indifférence

Dans ce cas de figure, c'est comme si l'enfant n'existait pas ! Qu'il soit là où pas, quoi qu'il fasse ou ne fasse pas, quoi qu'il dise ou ne dise pas, il y a toujours aussi peu de réaction en face de lui. Aucun miroir pour lui renvoyer si ce qu'il fait est bien ou mal, ni s'il se met en danger ou pas. Il doit se débrouiller tout seul, sans aucun repère. Autant la maltraitance active permet le plus souvent à l'enfant d'adopter une position réactionnelle, autant face à l'indifférence du parent, l'enfant se trouve désarmé, prisonnier d'un désert affectif où il n'y a pas d'oreille pour l'entendre, pas de mots pour le rassurer, pas de bras pour le consoler... Il devra alors chercher lui-même ses repères. Cela est relativement aisé durant l'enfance grâce à l'apport des enseignants, des parents des copains ou autres figures parentales. C'est beaucoup plus difficile pour l'adolescent qui demande des figures identificatoires plus précises et plus fortes. Le ressenti de solitude va alors devenir douloureusement aigu.

> Notons également que les conceptions parentales qui prétendent laisser dès le début l'enfant « libre de choisir et de décider » sont une forme d'indifférence grave et un refus d'assumer ses responsabilités de parent. C'est également une forme de maltraitance, plus sournoise car elle prend des allures de respect de l'autonomie de l'enfant à un moment où l'enfant n'a ni la connaissance du monde ni les moyens intellectuels de choisir.

Cette position parentale laisse tout particulièrement l'adolescent dans une profonde solitude, ce qui peut engendrer une telle souffrance qu'il sera peut-être tenté par le retrait pur et simple de la relation réelle, au profit des relations virtuelles en se réfugiant devant la télé ou les jeux vidéo.

Le silence et le désintérêt peuvent être vécus par Bertrand comme une « réponse » encore plus violente que la violence physique. En effet, il est renvoyé au sentiment que son existence n'a strictement aucun intérêt pour ses parents et qu'il pourrait très bien ne pas exister : cela ne changerait pas grand-chose à leur vie.

Les risques pour le jeune sont alors :

- soit de tenter la surenchère dans la provocation en essayant désespérément de faire sortir ses parents de leur inertie. S'il a suffisamment d'énergie pour tenir le choc face au mur de leur indifférence, il pourra aussi tenter d'investir son énergie affective vers d'autres lieux et d'autres personnes (c'est par exemple une indication d'internat s'il présente des difficultés scolaires) ;
- soit de sombrer dans un désespoir qui peut l'amener vers un détachement de plus en plus grand vis-à-vis des autres êtres humains. S'il se construit une affectivité fondée sur le virtuel (la télévision, les jeux vidéo, les jeux de rôles, la science-fiction ou l'ésotérisme de bazar...) et non sur le réel (aucun lien d'amitié), il risque fort de se construire un monde à part de moins en moins accessible.

Il y a là bien sûr une urgence psychologique, d'autant plus difficile à mettre en œuvre que l'enfant refuse en général d'investir le lien psychothérapeutique (« Je n'ai besoin de personne ! ») et surtout que les parents refusent de considérer que leur enfant est en danger psychologique puisqu'il est toujours dans son coin et qu'il n'embête personne ! Et pourquoi faudrait-il qu'eux-mêmes se remettent en question puisque l'enfant se débrouille le plus souvent pour avoir des résultats scolaires suffisants pour que personne ne le sollicite... Sauf certains professeurs qui ne cessent de répéter qu'il ne participe pas en classe, qu'il est dans son monde : ce sont eux qui ont raison de tirer la sonnette d'alarme !

La relation juste

« *L'amour ne suffit pas* », disait Bruno Bettelheim et, de fait, dans l'éducation de l'enfant – et a fortiori de l'adolescent – il est davantage question de justesse que d'amour. Prendre soin de l'enfant, assumer son rôle de parent, c'est faire en sorte qu'il arrive à l'âge adulte en ayant acquis une structuration intérieure donnée par l'éducation. C'est pourquoi il nous semble préférable de parler de relation juste plutôt que de relation d'amour.

> La justesse, c'est être capable de faire la part des choses entre le besoin d'individualité de l'enfant et sa nécessaire insertion dans la collectivité, entre ses élans, ses pulsions, qui contiennent toute sa créativité et la mise en forme qui demande d'accepter les contraintes et les limites. C'est aussi faire preuve de fermeté à certains moments, de souplesse et de tolérance à d'autres. En d'autres termes, c'est savoir accueillir en la respectant la personnalité du jeune tout en lui inculquant les règles de fonctionnement de la vie en société.

Mais il est vrai aussi qu'une bonne qualité de soin ne peut se concevoir sans amour !

En réalité, il n'y a jamais trop d'amour, mais encore faut-il qu'il soit bien placé : punir ou gronder son enfant en justes proportions avec la bêtise commise, l'empêcher de faire certaines imprudences dont il n'a pas forcément conscience, le contraindre à une certaine rigueur dans ses apprentissages scolaires ou ses comportements à la maison par exemple, c'est l'aimer vraiment. Lui apprendre les règles de politesse, de respect de l'autre, de participation à la vie de la collectivité, c'est lui donner les moyens de s'intégrer dans tous les groupes et d'y être reconnu. On sait combien le rôle de parent est difficile à tenir. À certains moments de la vie du jeune enfant, on a l'impression de passer son temps à interdire et à gronder ! Mais c'est la conscience de la nécessité de cette position et tout l'amour qu'on a pour lui – qu'il va très bien sentir – qui feront que la communication restera ouverte dans les moments si délicats de l'adolescence. Ces lignes de conduite doivent s'acquérir durant l'enfance. Elles seront forcément remises en cause par l'adolescent dans ses tentatives d'autonomisation, mais plus tôt et mieux elles auront été assimilées, plus elles continueront silencieusement à structurer son monde intérieur. L'amour des parents pour leur enfant fait que la contrainte sera ressentie comme contenante et sécurisante, et non pas imposée pour l'empêcher d'exister ou le détruire.

Alors, quelle serait la manière juste d'écouter Bertrand dans sa difficulté et de répondre au mieux à son besoin ?

« Mon enfant a mal ! Certes cela me touche étant donné l'amour que j'ai pour lui, mais cela ne doit en aucun cas me départir de ma lucidité par rapport à sa situation réelle. Comment aller le consoler sans pour autant l'étouffer ? Comment entendre ce qu'il a à me dire sans pour autant remettre en question la nécessité pour lui de retourner à l'école ? Comment l'aider à accepter certaines formes de réalité, sans qu'il y perde sa vitalité ? »

Là encore il s'agit de considérer le problème simultanément à deux niveaux. Un premier degré touche à sa réalité d'élève de 6e et c'est par ce premier degré qu'il s'agit de commencer :

- ⇨ y a-t-il un ou des conflits avec certains de ses professeurs, ce qui l'amène à une généralisation du problème ?
- ⇨ y a-t-il un ou des conflits avec des camarades de classe, ce qui l'amène à mettre au crédit des professeurs sa difficulté à s'avouer sa souffrance par rapport à ses camarades ?
- ⇨ est-il actuellement très fatigué ou est-il incapable de faire face à de nouvelles exigences de travail dans son nouveau collège, lui qui aimait tant son ancienne maîtresse ?

On pourrait en imaginer bien d'autres, mais c'est l'intuition et la connaissance de l'enfant qui doivent pouvoir guider ses parents pour l'amener petit à petit à se confier. Il a de toute façon besoin d'être entendu et de pouvoir s'épancher à partir de sa récrimination première.
Une réaction comme celle de Bertrand, à cet âge, est à considérer comme un appel à l'aide.

Il s'agit de lui permettre d'exprimer sa souffrance en nommant au plus près ce qui a pu le blesser ou le contrarier, sans pour autant lui permettre de donner un caractère dramatique ou irrémédiable à son propos. Il s'agit de poser des limites et de contenir par les mots une réaction affective qui pourrait bien le submerger. Il n'est, bien sûr, pas de réponse toute faite à un tel comportement. Ce qui est certain, c'est que ce sont les mots qui viennent du cœur qui seront les plus efficaces et qui permettront à l'enfant de se reprendre face à la frustration qui lui a été imposée et qu'il se doit de devoir assumer. Bien sûr, il revient au discernement parental de vérifier que l'on n'est pas dans le registre de la transgression abusive de la part de l'enseignant, ce qui est quand même relativement rare.

« La réalité est dure et parfois injuste ! Ce n'est pas toujours facile d'avoir des professeurs qui sont là pour transmettre des connaissances et qui n'ont guère le

temps de s'occuper de la sensibilité de chaque élève. Mais tu as les moyens de dépasser ça »...

Il appartient bien sûr à chacun de trouver ses propres mots qui puissent être entendus par l'enfant à l'instant T de la relation !

Et puis, il y a le second degré de la réponse : « l'affection que j'éprouve à son égard vient me solliciter dans mon intériorité », ce qui nous entraîne vers d'autres questionnements en tant que parent :

- « D'où vient la réaction émotionnelle que j'ai eue et qui était peut-être hors de proportion avec la réalité de ce qui s'est vécu ? »
- « À quelle page de mon histoire me renvoient ta souffrance et la situation dont tu fais état ? »

Il est important d'effectuer ce retournement sur soi-même, car c'est lui qui va permettre d'opérer le discernement entre ce qui appartient à notre enfant et ce qui nous appartient dans l'expérience qui est en train de se vivre. Tant qu'il reste une dimension fusionnelle dans la relation avec l'enfant, celui-ci peut se faire l'émonctoire ou la soupape d'échappement de tout ce que nous avons ravalé de colère, de tristesse ou d'angoisse qu'il va se charger d'exprimer à notre place. **Si, en tant que parent, nous faisons le ménage de ce qu'il**

nous appartient d'assumer, c'est autant que nous ne ferons pas porter à notre enfant.

Une réaction juste et respectueuse va donc émerger de la prise en considération simultanée de ces deux éléments : le réel incontournable et le retentissement intérieur qu'a provoqués la situation, sachant que ce retentissement concerne notre enfant et… nous-même !

Tout cela, me direz-vous, est du registre de l'idéal et il est bien rare de pouvoir y accéder si facilement mais une réflexion honnête et sincère sur tous ces sujets peut rapidement faire baisser la tension relationnelle entre ado et parents.

Pour poursuivre notre étude, nous avons divisé l'adolescence en trois grandes périodes : la préadolescence qui débute aux premiers signes pubertaires (11/12-14 ans), la crise d'adolescence où les grands changements corporels ont eu lieu mais dans un corps quasiment adulte subsiste un tout petit enfant terrifié (14-18 ans), et la grande adolescence où la question de l'engagement dans la vie adulte se pose avec l'angoisse existentielle qui en découle (18-22 ans). Chaque âge a ses particularités, les besoins et questionnements ne sont pas les mêmes. La communication doit s'adapter tant dans ses modalités que dans ses contenus.

II

Les besoins du préadolescent

PUISQUE NOUS AVONS parlé de l'adolescence comme d'une seconde naissance, on ne peut envisager une naissance sans une période de préparation. Or, c'est au cours de la préadolescence que se prépare l'adolescence, et bien communiquer pendant cette période est la meilleure garantie pour que la naissance au monde se passe dans les meilleures conditions !

La préadolescence démarre avec les premiers signes de changements physiques de la puberté, autour de 11-12 ans pour les filles et de 12-13 ans pour les garçons, et se termine une fois que tous les caractères sexuels secondaires sont bien en place et que survient la crise d'adolescence (on peut rester préadolescent toute sa vie si on évite cette crise de maturation nécessaire), en principe autour de 14-15 ans pour les filles et de 15-16 ans pour les garçons.

C'est la période où l'on s'éloigne de l'étroite dépendance à la cellule familiale, la période où s'ébauchent des tentatives d'apprivoisement du monde extérieur, tantôt avec timidité, tantôt avec témérité.

Au fur et à mesure que se font jour de nouvelles sensations liées aux transformations corporelles, chacun cherche à s'éprouver et à s'affirmer de façon souvent maladroite, mais, oh combien touchante, dans sa nouvelle identité sexuelle... Les filles vont commencer à faire montre de séduction et à être beaucoup plus attentives à leur parure, pendant que les garçons vont s'éloigner un peu de leurs jeux de ballons pour faire montre d'esprit de conquête. Les émois amoureux vont commencer à aller bon train autant que les grands chagrins qui passeront aux premiers sourires reconquis... Mais ne nous y trompons pas : si la pluie et le beau temps se succèdent à grande vitesse en cette période, c'est aussi parce que c'est une période de grande instabilité et de grande fragilité : il s'agit de s'éloigner de l'enfance pour aller vers l'âge adulte, et la partie n'est pas gagnée d'avance !

Nous avons vu combien certains types de relations entre parents et enfants pouvaient être pathologiques et créer un gros obstacle vers l'épanouissement du jeune. Soulignons néanmoins que chaque enfant peut réussir à trouver en lui ou dans son environnement des ressources extraordinaires qui lui permettront de surmonter cet obstacle. C'est ce que le psychiatre et éthologue Boris Cyrulnik a appelé la résilience. Ainsi, si un adolescent, ami de votre enfant et issu d'une famille en difficulté, vient souvent chez vous, il se peut qu'il cherche un ancrage d'identification à travers vous pour surmonter les manques ou les blessures vécus dans sa propre famille. Vous servirez alors de « support de résilience » pour l'aider à passer le cap, mais il est essentiel qu'en aucune manière vous ne contreveniez aux décisions ou aux choix de ses parents pour lui.

Si une relation juste et respectueuse peut sembler du registre de l'idéal bien difficilement accessible, il est par contre beaucoup plus facile d'identifier les principaux besoins du préadolescent pour tenter ensuite d'y répondre...

Il faut bien reconnaître que chaque enfant garde au fond de lui une certaine propension à vouloir retrouver l'état océanique bienfaisant de la relation primordiale à sa mère, au sein duquel tous ses besoins étaient assouvis sans qu'il ait la moindre responsabilité à prendre concernant sa survie... Or, l'émergence des pulsions qui commencent à se vivre à la préadolescence va tout à fait à l'encontre de cette propension et le pousserait plutôt à aller vers le monde extérieur. Pour autant, celui-ci constitue quand même une menace et la préadolescence est vraiment l'âge où le jeune est pris en tenaille entre ses désirs régressifs et son envie d'aller vers le monde. Il s'agit de pouvoir l'aider à choisir d'aller vers le monde, ce qui, en soi, constitue une véritable épreuve initiatique, comme peut l'être l'accouchement pour le petit bébé...

Si la première naissance se pose comme l'incarnation sur cette Terre, la seconde consiste à naître au monde de sa responsabilité d'adulte. Pour réussir cette épreuve, il faut au préadolescent une préparation qui lui permette de se sentir dans un minimum de sécurité, et dans des limites et un sens qui vont constituer ses repères de base. Leur acquisition dépend directement de la qualité de l'autorité parentale. Assurer au jeune une bonne sécurité intérieure grâce à une juste autorité du parent constitue le fondement nécessaire pour que s'installe une bonne communication. Alors pourront se transmettre les informations nécessaires pour le protéger de tous les dangers qui le guettent.

La sécurité

Le sentiment d'être toujours aimé même si on s'éloigne de ses parents

Chloé, 13 ans, élève de 6ᵉ, déclare tout de go avec son air pétillant des grands jours : « *Demain soir, il y a un copain de terminale qui m'emmène avec ma copine Brigitte à une fête à la campagne à 50 km d'ici. C'est trop bien !!!* »

Nous n'allons pas reprendre les différents positionnements parentaux face à une telle situation, mais nous arrêter d'une part sur le besoin qu'a l'enfant de s'éloigner du domicile parental pour avoir ses activités à lui tout en se sentant toujours aimé, d'autre part sur son besoin de sentir que ses parents sont capables de mettre des limites à son enthousiasme pour lui assurer un maximum de sécurité dans ses tentatives d'aller vers le monde.

- ⇨ Lui répondre « *Si ça te fait plaisir, vas-y !* » dénote un manque flagrant de responsabilité parentale, étant donné les risques que peut courir cette toute jeune fille dans un lieu et un environnement qui vous sont inconnus !
- ⇨ Lui répondre « *Il n'est pas question que tu sortes en dehors de notre présence !* » va créer un choc

qui l'amènera, en fonction de son tempérament, soit à un repli sur elle-même dans un mutisme rejetant, soit à un conflit ouvert risquant de se traduire par une fugue pour vous faire payer votre refus !

Comment prendre une juste position et conserver la communication face à une demande aussi brutale ?

Bien sûr, il s'agira de s'enquérir des conditions de cette sortie, mais, si elle s'avère aventureuse, il faudra bien lui opposer un veto ferme et clair. C'est alors qu'il va vous falloir déployer tout un champ de créativité adapté au caractère de Chloé pour lui permettre de satisfaire son besoin normal d'aller vers le monde extérieur en dehors du regard de ses parents, mais en vous assurant qu'elle court un risque minimum.

« *Toi qui es passionnée de vélo, tout comme Brigitte, vous devriez vous inscrire au club de VTT et faire une grande sortie avec eux dimanche toute la journée ! Mais il n'est pas question que tu ailles dans cet endroit où tu coures de grands risques avec des gens que nous ne connaissons pas...* »

Il conviendra bien sûr de lui parler de ces risques, mais l'important est de lui faire sentir qu'elle peut tout à fait commencer à conquérir le monde extérieur en dehors de votre présence, sans que ça n'enlève rien à l'affection que vous lui portez.

Même si elle se met en colère ou à pleurer du fait de la frustration à assumer, elle vous sera un jour reconnaissante de lui avoir permis d'échapper à une situation qu'elle n'aurait probablement pas pu gérer !

Le sentiment d'importance aux yeux des autres

Matthieu, 12 ans, rentre tout dépité du stade et vous déclare : *« Je suis nul en foot. Je n'arrive pas à courir aussi vite que les copains et ils me mettent toujours comme gardien de but ! »* Il est visiblement atterré par cette situation et cela vous inquiète d'autant plus qu'il vous a appris quelques semaines auparavant que la fille dont il était amoureux dans la classe sortait maintenant avec le capitaine de son équipe de foot !

Bien sûr, il n'est pas question de nier son incompétence en matière de football. Il faut l'aider à faire le deuil de la carrière de footballeur dont il rêvait en regardant la télé.

Comme la petite fille qui voulait être maîtresse d'école, l'adolescent se sert volontiers des modèles extérieurs pour énoncer des projets professionnels : top model, chanteur/chanteuse, footballeur professionnel... Ces images, véhiculées par les médias avec tout un faste illusoire sont du domaine du rêve et non de la réalité qui, elle, au-delà des talents initiaux requis, parle du rude labeur pour accéder à cet apogée. Il revient aux parents de dénoncer ce miroir aux alouettes et de partir de ses capacités et talents particuliers pour les inscrire dans un projet réaliste.

Vous allez alors tenter de rassurer Matthieu en lui vantant les qualités et les mérites que vous lui reconnaissez. C'est important en cette période et cela pourra sûrement l'apaiser, mais vous sentez bien qu'il n'a plus envie d'être consolé et que c'est une autre question qu'il vous pose, même s'il a du mal à la formuler. Ce pourrait être :
« Comment prendre ma place dans ce monde extérieur où je me sens nul et sans importance ? »

Cette question est cruciale pour le préadolescent, et il est indispensable que vous ayez pu identifier les qualités et les talents spécifiques qui lui permettront d'orienter ses investissements vers des espaces où il pourra se faire valoir aux yeux des autres et particulièrement aux yeux des filles qu'il commence à regarder.

Il n'y a donc que des réponses individualisées qui peuvent être pertinentes. S'il nage comme un poisson dans l'eau, encouragez-le vers la natation !

Il est bon néanmoins de rappeler qu'on ne peut acquérir de l'importance aux yeux « des autres du monde extérieur » que si ce sentiment a pu être nourri au sein de la cellule familiale. Il est donc indispensable de valoriser ses performances dans une juste exigence et d'accepter qu'il n'a peut-être pas les talents que vous souhaiteriez, mais d'autres que vous vous devez d'identifier et de mettre en valeur. À vous de l'aider à les découvrir et à les valoriser sans projeter sur lui ce que vous aimeriez qu'ils soient. Si vous le traitez trop souvent d'« idiot » en espérant un sursaut pour l'amener à vous démontrer le contraire, vous n'aboutirez, malheureusement, qu'à une situation où il va vous démontrer que vous avez raison... même s'il a un excellent quotient intellectuel ! Trop de jeunes surdoués sont en échec scolaire quand ils ne sont pas sollicités dans leurs capacités.

C'est une juste évaluation, qui n'est pas forcément celle des bulletins scolaires, qui l'aidera au mieux à trouver sa voie. Il n'y a pas de temps à perdre car c'est très vite qu'il va devoir faire des choix qui orienteront sa carrière professionnelle et donc sa vie !

En règle générale, soyez très attentif à favoriser son sentiment d'importance qui est comme la pierre d'angle de sa construction au sein du monde extérieur.

Le sentiment d'appartenance

Aurélie, 13 ans, déballe des vêtements que vient de lui acheter sa mère et éclate brutalement en colère : « *Jamais je ne mettrai ça ! De quoi je vais avoir l'air ? C'est ridicule ! Tu veux ma mort (...) !* » Et si vous insistez un peu, elle fond en larmes ou vous rentre dans les plumes en vous disant que vous ne comprenez rien à la façon dont les jeunes s'habillent aujourd'hui... Et elle a peut-être raison !

Pour se sentir appartenir à une communauté au sein du monde extérieur, il faut en accepter les codes et les conventions, en particulier d'un point de vue vestimentaire. Malgré son extravagance et ses grandes idées anticonformistes, il n'y a pas plus conformiste qu'un préadolescent. Ne pas se conformer aux codes vestimentaires de son groupe de copains et copines, c'est risquer de dégringoler dans leur estime, de voir s'effondrer l'image de soi-même au sein du groupe.

Déjà, il est extrêmement difficile pour Aurélie d'assumer tous les changements corporels qu'elle est en train de vivre. Si, en plus, on lui impose un accoutrement désuet, elle se sentira mourir de honte ! Tout fonctionne comme si les codes vestimentaires derrière lesquels elle se cache lui permettaient d'avoir un minimum de réaction de prestance vis-à-vis des autres alors qu'elle a une image si incertaine d'elle-même.

Le groupe de copains et copines constitue une passerelle indispensable pour aller vers le monde. C'est au sein de ce groupe qu'elle va se forger une identité propre qui va l'aider à se différencier des normes du berceau familial dans lequel elle a vécu jusque-là. Non seulement elle appartient à une génération différente de celle de ses parents, mais elle écoute une musique différente, elle communique avec des mots et des expressions différentes, elle a une vision du monde tout à fait différente et elle rêve de projets totalement différents de ceux de la génération de ses parents. Toutes ces différences forgent ce sentiment d'appartenance au monde qu'elle va devoir se construire en dehors de la cellule familiale et il est indispensable de la soutenir dans cette démarche.

« Je suis désolée Aurélie, excuse-moi, j'aurai dû te consulter au lieu de vouloir profiter des soldes... Même si je trouvais que cette robe était très jolie ! La prochaine fois, nous irons faire les courses ensemble. » Là, la communication va pouvoir se rétablir. Elle se sent entendue et respectée dans ses propres choix et peut-être même acceptera-t-elle de mettre cette jolie petite robe pour aller voir sa grand-mère, mais, en aucun cas, vous ne devez exiger qu'elle la porte pour aller au collège.

D'autre part, le fait de pouvoir reconnaître que vous avez fait une erreur n'entame en rien le crédit d'estime et d'affection que l'enfant vous porte, bien au contraire !

En développant ce sentiment d'appartenance, elle va peu à peu vraiment se sentir appartenir à une famille, à un quartier, à une cité, à une nation, à une culture… et y trouver sa place !

Une fois qu'il a commencé à déployer les ailes de son désir de quitter le nid, au travers du sentiment d'importance et du sentiment d'appartenance, il ne faut pas que votre oisillon croie pour autant que le monde lui appartient et qu'il peut s'envoler dans n'importe quelle direction. Les prédateurs sont extrêmement dangereux à cette période du développement de l'enfant qui est encore empreinte de beaucoup d'innocence et de pureté.

Rappelons-nous que l'amour parental consiste essentiellement à aider nos enfants à nous quitter dans les meilleures conditions !

Les conditions de l'envol nécessitent donc de poser des limites et de faire preuve d'une juste autorité !

L'autorité

Étienne, 13 ans, se met violemment en colère quand sa mère lui demande de l'aider à débarrasser la table : *« Je ne suis pas ton larbin ! J'ai autre chose à faire ! T'as qu'à demander à ma sœur ! »* Et il fait mine de vouloir quitter la table... Heureusement, il est rattrapé par la manche par son père qui va devoir réagir en fonction de plusieurs questions touchant aux limites et directement en lien avec l'exercice de son autorité :

- ⇨ parler sur ce ton-là à sa mère, est-ce acceptable ?
- ⇨ se refuser de participer aux tâches qui incombent à chacun dans le fonctionnement de la communauté familiale, est-ce acceptable ?

Ces questions sont d'autant plus importantes que sa chambre est sens dessus dessous, qu'il a toujours mille choses à faire avec ses copains et que ses résultats scolaires laissent à désirer...

Le terme autorité vient du latin *auctor* qui veut dire : « faire croître ». Ce terme peut être employé aussi bien par l'arboriculteur responsable de la croissance d'un arbre que du parent responsable de la croissance de son enfant. S'il est vrai qu'un arbre ne peut porter de fruit que s'il est bien entretenu et taillé de façon juste, il est vrai qu'un enfant ne peut se développer correctement que si l'on accepte de lui imposer des limites pour qu'il puisse porter du fruit. De même qu'un arbre non entretenu retourne à une forme d'état indifférencié où il ne donne plus de fruit, de même le préadolescent laissé à l'abandon retourne à un comportement de l'ordre de l'animalité, voire de la barbarie !

Il est donc indispensable de mettre un frein à la volubilité d'Étienne à un âge où il oscille si facilement entre, d'une part, la toute-puissance de celui qui croit avoir conquis le monde et, d'autre part, celui qui se vit comme nul et dans l'impuissance la plus noire ! L'autorité paternelle, qui peut aussi être exercée par la mère, se joue sur le fil du rasoir entre ces deux extrêmes : il ne s'agit pas de l'humilier au point de le faire tomber dans un total négativisme vis-à-vis de lui-même, mais sans pour autant laisser passer une telle arrogance et un tel irrespect des règles familiales.
« Attends un peu Étienne. Je n'accepte pas que tu t'adresses ainsi à ta mère et que tu te dérobes à toutes les tâches de la maison que nous avons à partager (...) », lui dira son père et il s'ensuivra une explication très ferme au cours de laquelle Étienne devra répondre de ses actes et se soumettre aux lois et usages qui ont cours dans sa famille. Après tout, c'est sa famille qui assure la satisfaction de ses besoins fondamentaux. Il lui doit en retour le respect et l'acceptation du partage équitable des tâches ! Si

le parent renonce à se faire respecter, c'est l'enfant qui devient tyran et qui, plus tard, sera incapable de se respecter lui-même.

Le mot autorité vient de la même racine latine que le terme « auteur ». On dit bien d'un parent qu'il est l'auteur des jours de ses enfants. Or, l'auteur d'un ouvrage signe son texte de son nom. De même le père « signe » son enfant de son nom, mais aussi de tous les signes que son autorité a inscrits en lui. C'est une responsabilité que l'on se doit d'assumer du plus profond de soi pour permettre à l'enfant de se sentir contenu et rassuré dans cette période de grande turbulence. Tous ces signes sont autant de balises pour lui éviter de sombrer dans le n'importe quoi, et un jour il sera fier de porter le nom de son père, sauf si celui-ci a été démissionnaire.

Le fait d'opposer une fermeté par rapport à la démesure de certains des élans d'Étienne ne peut que le rassurer et lui permettre de rassembler ses énergies dans un sens constructif plutôt que de le laisser s'éparpiller dans mille directions où il risque de s'épuiser vainement ou de se laisser entraîner dans des situations qui pourraient lui être très préjudiciables.

Rappelons-nous de la métaphore de Françoise Dolto qui décrivait pour cette période « le complexe du homard » : c'est au cours de la préadolescence que se perd la première enveloppe protectrice (le berceau parental) et il va falloir bien du temps avant d'en reconstruire une nouvelle. Pendant cette période intermédiaire, c'est l'autorité des parents qui doit faire office de protection contre les prédateurs qui ne demandent pas mieux que de dévorer le petit sans protection !

Pour s'en défendre, il importe qu'il soit informé des dangers qu'ils représentent, en particulier dans les domaines concernant les drogues, les jeux et la sexualité. Il s'agit là d'une tâche très délicate car le jeune croit tout connaître pour en avoir entendu parler par des copains, à la télévision ou sur Internet, et il considère que ces thèmes sont de l'ordre de son intimité et que ses parents n'ont pas à s'y immiscer.

À plusieurs reprises nous avons évoqué le concept de toute-puissance. C'est une position intérieure extrêmement fréquente à l'adolescence, même si on peut la retrouver à toutes les époques de la vie. Elle est liée à la notion de tout ou rien, reposant sur une vision très fantasmatique où le désir cherche à s'imposer à la réalité.

Dans sa manifestation en positif, cela ressemble fort à de la prétention : *« Je sais parfaitement me défendre, je ne crains plus rien, depuis que je fais de l'Aïkido (6 mois !) » ; « Je connais tout de la vie » ; « Vous les parents, vous n'avez rien compris à la vie. Avec moi, tout va changer. »*

Mais quand la réalité est plus forte que le fantasme, elle peut s'exprimer en négatif : *« Puisque je ne suis pas le premier de la classe, je ne ferai jamais rien de ma vie »* ; *« Puisque je ne suis pas le meilleur en foot, alors je cesse de jouer, car je me vis comme complètement nul »* ; *« Puisque je ne suis pas la plus belle, jamais je ne serai aimée »* ; *« Si on n'est pas premier prix du conservatoire, autant arrêter le piano »*. La toute-puissance se cristallise alors en un complexe d'infériorité d'autant plus difficile à combattre que la seule issue est la supériorité absolue. L'adolescent a besoin qu'on lui apprenne que rien n'est jamais acquis – ni en positif, ni en négatif – et que la vie est faite d'apprentissage, de progression, de persévérance... et qu'il ne suffit pas de vouloir pour pouvoir.

L'information

La drogue

Cédric, 13 ans, vient de passer un bon moment avec des copains dans la salle de jeu, soi-disant pour jouer au ping-pong, et, en entrant dans cette salle, vous êtes impressionnée par une odeur vite identifiée : celle de la fumée de haschich. Son père confirmera vos présomptions et vous savez que votre fils va rentrer de son cours de trompette dans une heure... Vous êtes des parents très occupés et, comme Cédric est un garçon très dynamique, vous n'avez jamais pensé qu'il tomberait dans ce travers et vous ne lui avez jamais parlé des drogues.

Bien entendu, on sait que fumer du « H » est certainement moins dangereux que se piquer à l'héroïne (la dépendance au produit s'installe à beaucoup plus long terme), mais cela signe néanmoins le début d'un processus transgressif dont on ne peut pas savoir où il s'arrêtera : la consommation de cannabis est interdite par la loi en France.

Même si les avis peuvent être partagés sur la question de la légalisation de l'usage du cannabis, on sait que, le plus souvent, le « H » comme la marijuana exercent une exacerbation des sens et plongent les individus dans un état modifié de conscience qui crée une distorsion des perceptions, avec le sentiment de se détacher du poids de la réalité. Cela peut certes détendre, mais en amenant un vécu de plus en plus interprétatif du réel au fur et à mesure de l'augmentation des doses consommées... L'adolescent pourra alors se retrouver soit dans un état mou et apathique porté par un voyage intérieur dans le monde de ses sensations, soit agressif, suspicieux et très réactif au moindre parasitage de son vécu... Chez les personnes fragiles et très repliées sur elles-mêmes, ce vécu interprétatif peut aller jusqu'à un effacement de la frontière entre le rêve et la réalité et induire un état de méfiance paranoïaque, voire même un épisode de psychose cannabique qui peut parfois s'avérer irréversible. Les psychiatres sont de plus en plus souvent placés devant ces cas de figure et les hospitalisations en psychiatrie abondent... Le cannabis est souvent la goutte d'eau qui fait déborder le vase d'une psyché bien fragile vers une décompensation psychotique. Il est d'autant plus indispensable de se préserver d'un accident de santé aussi grave !

Il est donc impossible de laisser passer cet événement sans en parler à Cédric ! Pour autant, il ne s'agit pas non plus de dramatiser outre mesure : l'initiation à « la fumette » se fait de plus en plus tôt. En terminale, plus de 80 % des lycéens ont fumé ou fument régulièrement du cannabis.
« Cédric, ta maman et moi avons perçu très distinctement des odeurs de fumée de haschich dans la salle de jeu. Il faut que nous en parlions. » Plus votre relation avec lui aura été fondée sur une juste autorité et une sécurité intérieure, plus la communication sera aisée. Peut-être même a-t-il cherché à provoquer chez vous une réaction pour que vous lui accordiez un peu de temps dans votre emploi du temps surchargé ! Peut-être aussi avait-il besoin de tester les limites de votre tolérance à ce propos. Dans ces conditions, certes idéales, il n'attendait que cela pour s'ouvrir à vous de ses préoccupations dans ce domaine.

S'il est dans le déni par rapport à cette constatation, il sera d'autant plus important que vous lui donniez votre point de vue et un maximum d'informations concernant les drogues.

C'est aussi à cette période que se fait l'initiation à la prise d'alcool et de tabac. Même s'il est souvent fait mention du danger de ces produits, l'invitation par des plus grands à relever un défi pour faire partie de la bande constitue une tentation terrible : *« Montre-nous si tu es capable de tenir un verre de vodka »* ou *« Fais-nous voir si tu tousses en fumant cette cigarette »*. Dans ces cas-là aussi, seule une bonne communication permettra de faire œuvre préventive !

Nous ne pouvons pas passer en revue toutes les drogues, mais simplement nommer les drogues dures par rapport auxquelles il est indispensable que vous ayez acquis suffisamment d'autorité pour être intransigeant : l'héroïne, l'opium, la cocaïne, le crack et sûrement bien d'autres, inventées au jour le jour par les trafiquants, donnent une dépendance pharmacologique très rapidement. Il est ensuite quasiment impossible de s'en défaire sans le recours à une cure de désintoxication et parfois même à la nécessité de prendre à vie une drogue de substitution[1].

[1] Voir aussi sur ce sujet *Mon ado est addict*, de Brigitte Mary et Laurent Delhomme, Genève, Jouvence, 2010.

En dehors de toutes les incitations des copains ou copines, la consommation de stupéfiants correspond aussi à une soif d'élargir le champ de conscience étouffant d'une pensée unique qu'ils commencent à remettre en question. C'est au moment de la préadolescence qu'émergent un idéalisme et une soif de transcendance par rapport à la morosité d'un train-train quotidien d'où ils cherchent à sortir. La drogue, autant que les sectes, offre une réponse à cette quête, pourtant porteuse de générosité, mais qui va se retourner contre eux ! Cela impose aux parents d'identifier et de nommer ce qui donne sens à leur existence pour tenter de le transmettre à leur enfant... Il s'agit bien entendu des valeurs, des croyances, des traditions et peut-être de la religion auxquelles vous êtes attaché. Ce n'est pas parce qu'il peut être en révolte contre tout cela que pour autant vous devez vous laisser influencer par lui, bien au contraire !

Les jeux

« Pour la troisième fois, viens à table, Sam ! » « Impossible, je suis sur un super jeu en ligne et je ne peux pas faire ça aux copains... », réplique-t-il à sa mère.

Depuis les années 80, les jeux vidéo ont fait une entrée massive dans la vie des jeunes adolescents.

Faut-il pour autant sacrifier la vie de famille et ce qui est peut-être le seul moment de retrouvailles en famille pour faire plaisir aux copains ?

« *Si tu ne viens pas immédiatement, ton ordinateur sera confisqué pour toute la semaine !* » renchérit le père.

Cette menace ne peut avoir de sens que si l'enfant sait qu'elle sera suivie d'effet. Il est aberrant de menacer d'une sanction l'enfant qui ne se soumet pas aux règles de vie familiale dictées par les parents et de ne pas l'appliquer. Il ne s'agit là en aucun cas d'un chantage autoritariste, mais du respect des lois qui président au bon équilibre de toute communauté. Il en est d'ailleurs de même à l'extérieur où les lois de la communauté sociale se doivent d'être respectées sous peine de sanctions ! Dans le cas de Sam, ce sont les règles énoncées par les parents qui prévalent. De ce fait, il est essentiel qu'ils soient en accord l'un avec l'autre : tout désaccord entre eux ouvrirait une brèche pour Sam qui ne manquerait pas de s'y engouffrer pour créer un conflit entre eux et s'établir en tant que tyran domestique, n'obéissant plus à personne !
Le terme d'obéissance est d'ailleurs tombé quelque peu en désuétude tant la psychologisation de toute relation veut que l'on soit constamment dans l'explication et la justification de nos attitudes. L'explication n'est pas la communication et les parents n'ont pas à se justifier systématiquement

de leurs décisions comme s'ils se sentaient coupables ! Le jeune a besoin de rencontrer quelqu'un qui assume sa vie et ses désirs dans un rapport d'altérité au sein duquel peut s'instaurer une vraie communication.

Au-delà de cet exemple assez banal, il est important de s'interroger sur cette appétence qu'ont les jeunes pour ces situations virtuelles qui les fascinent parfois tellement qu'il devient presque impossible de communiquer avec eux. On peut parler dans ce cas d'un enfermement dans une véritable addiction[2].

> *« Avec ma console de jeu, j'échappe comme par enchantement à toutes les contraintes et à toutes les frustrations de la vie. Je peux tuer tous les méchants qui m'embêtent et même si je perds, il me suffit de recommencer jusqu'à ce que je gagne sur eux ! »* vous dira Sam.

Le jeu devient trop souvent un palliatif pour combler le manque affectif vécu au sein de la famille quand les parents ne prennent pas le temps de communiquer avec leur enfant. La communication exige qu'on lui consacre régulièrement suffisamment de temps. Sinon, l'enfant risque de se réfugier dans des expériences relationnelles virtuelles auxquelles il va

[2] Voir aussi sur ce sujet *Mon ado est addict*, éd. citée.

s'identifier plutôt que de le faire dans des relations réelles avec ses proches. Il faut reconnaître aussi que les jeux vidéo sont souvent très violents et peuvent finir par déteindre sur les comportements de ces jeunes adolescents (ce sont plutôt des garçons) quand ils jouent ensemble dans la réalité !

Le scénario est un peu comparable avec les feuilletons télévisuels au cours desquels les identifications et les liens affectifs virtuels qui vont se créer peuvent être tels que la jeune adolescente (ce sont plus souvent des filles) va s'effondrer en dépression s'il arrive malheur à l'un des protagonistes du téléfilm !

La situation peut devenir très préoccupante avec les jeux de rôles où le réel et le virtuel se mélangent. Si le jeune n'a pas eu les moyens de se construire une identité par la valorisation de ses talents et qualités, il risque de tellement s'identifier au héros qu'il est censé personnifier qu'il ne saura plus bientôt qui il est. Une telle confusion peut l'amener, là encore aux frontières de la folie !

La sexualité

C'est le domaine où la communication est la plus difficile.

Malgré la banalisation et la vulgarisation dont elle fait l'objet, la sexualité, autant chez le garçon que chez la fille, relève du domaine de l'intime et d'un espace tellement sensible dans la construction de la personnalité que chacun se replie le plus souvent derrière le voile du silence et de la pudeur. Et pourtant, c'est au moment de la préadolescence, au cœur de la tourmente des pulsions qui s'éveillent, que les questions écorchent la bouche et que certaines blessures peuvent engendrer une telle souffrance qu'elles vont hypothéquer toute la vie sexuelle et parfois aussi l'équilibre psychique du jeune adolescent. Il est vrai que l'intimité physique se construit de façon très congruente à l'intimité psychique et le respect de l'une ne va pas sans le respect de l'autre. On peut donc avoir l'impression d'être comme un éléphant dans un magasin de porcelaine quand on aborde un tel sujet !

Si le tabou sur la sexualité est si violent entre parents et enfants, c'est que notre sensualité s'est éveillée et développée avec l'éveil de nos cinq sens dans un contact au corps à corps avec nos parents. La fascination jouissive du tout-petit dans ce corps à corps normal a laissé une empreinte qui rend difficile la mise en mots d'une expérience sensuelle qui, cette fois, n'est plus tournée vers les parents, mais vers des objets d'amour du monde extérieur.

« Pourquoi cette gêne et ce sentiment de trahison, si je porte mon amour vers l'extérieur ? » – « Mes parents ont-ils vraiment encore besoin et cela leur fait-il encore autant plaisir de me câliner ? Pourtant, aujourd'hui,

j'ai tantôt tellement envie de refuser leurs câlins et tantôt tellement envie de pouvoir de nouveau me réfugier dans leurs bras ! »... Voilà les discours inconscients qui pourraient surgir si la mise en mots était possible. Cet entre-deux a quelque chose de très angoissant dont il ne faut pas se moquer, même si les volte-face du jeune peuvent être déroutantes...

Débiter des informations d'ordre anatomique ou physiologique en s'appuyant sur l'une des nombreuses encyclopédies vendues chez tous les libraires n'a qu'un intérêt très limité et peut-être malvenu. Si le jeune n'est pas sûr de pouvoir s'approprier véritablement son espace intérieur d'intimité face à un parent pas tout à fait clair dans sa vie affective et sensuelle, de telles explications peuvent apparaître comme très intrusives... « *Tu tues mon imaginaire et tous mes rêves d'amour les plus merveilleux en étalant des croquis qui ressemblent à des morceaux de viande découpés comme chez le boucher* », pourrait vous dire votre fille, si elle avait les mots ! L'intrusion devient cette fois nettement traumatisante si vous osez lui montrer un film porno, soi-disant pour l'initier aux mystères de la vie !

Le « préliminaire » idéal pour engager une véritable communication avec son préadolescent est encore une fois d'avoir balayé devant sa porte en étant très au clair avec sa propre histoire pour ne pas faire porter à son enfant tout ce que l'on n'a pas résolu concernant sa propre sexualité !

Même si c'est là une œuvre longue et difficile, il ne faut pas pour autant baisser les bras, mais faire preuve alors de beaucoup d'humilité et de respect, en évitant de parler de sa propre expérience qui peut être mal interprétée. Si, par exemple, une mère a connu beaucoup d'hommes irrespectueux dans sa vie sexuelle et qu'elle ne cesse de seriner à sa fille *« méfie-toi des hommes, ce sont tous des salauds ! »*, sa fille ne pourra que la croire et va massacrer sa vie sexuelle pour donner raison à sa mère.

L'éveil de la sexualité se faisant de manière différente pour le garçon et pour la fille, nous allons d'abord aborder les difficultés avec le garçon.

Chez les garçons

En refaisant le lit de votre fils Kévin, 12 ans, vous trouvez une revue porno cachée entre le sommier et le matelas. Vous avez d'autre part trouvé des traces de sperme assez caractéristiques sur les draps... Dans la mesure du possible, la première chose à faire est d'en parler à son père où à celui qui en tient lieu. Il est en effet préférable pour un garçon d'être informé par un homme et pour une fille par une femme, mais ce n'est pas une règle absolue.

Il faut savoir qu'aujourd'hui nous sommes plutôt dans une débâcle d'informations sur le sujet et que la majorité des garçons de 11 ans ont déjà eu une revue porno dans les mains, prêtée par les copains, ou ont déjà visionné un film du même domaine, soit à la télévision soit sur Internet. Vouloir s'y prendre plus tôt pour devancer ce genre de situation n'est pas non plus chose facile : il s'agit certes de transmettre des informations, mais sans heurter la sensibilité et la pudeur normale de l'enfant. Le fait de feuilleter avec lui un manuel ciblé pour son âge peut être une ressource, mais il pourra aussi vous rire au nez en vous disant qu'il connaît tout cela par cœur.

Quant à la masturbation, il s'agit de ne pas la culpabiliser, mais de la considérer comme une manière de se découvrir et de s'aimer, qui appartient au vécu de son intimité. En fonction de vos convictions, vous pourrez ajouter qu'il s'agit d'une décharge d'énergie qu'il convient de ne pas reproduire trop souvent sous peine de fatigue (...). La masturbation compulsive est en effet une tentative d'échapper à la réalité de ses propres impasses relationnelles et l'épuisement qui en résulte est à la fois physique, affectif et mental.

Là où Kévin va venir vous chercher, c'est dans l'espace même de votre propre questionnement face aux mystères du désir sexuel qu'aucun schéma ne peut expliciter et face au sens et à la place que vous donnez à votre propre sexualité dans votre vie... Il pourra alors se mettre en place une véritable communication entre deux individus : vous savez pertinemment que, quand il lève les yeux au ciel, il en a un peu assez de vos leçons de choses, de morale ou d'autre chose... Il vous donne là l'occasion de lui montrer que vous avez bien compris qu'il commençait à devenir un homme et qu'il entendait ne plus être traité en petit garçon !

« Kévin, ta maman a trouvé une revue pornographique sous ton matelas. J'ai bien compris que tu n'étais plus un petit garçon et je tiens à ce que nous en parlions. » Passé le moment de honte d'avoir été découvert et les quelques récriminations sur le fait qu'il déteste que l'on fouille dans sa chambre, il sera sûrement surpris et heureux de constater que vous ne vous saisissez pas de l'occasion pour lui passer un savon, mais, au contraire, pour parler d'un sujet qui le gênait autant que vous !

Il ne faut pas croire que le grand déballage d'informations au sujet du sexe ait amélioré de quelque façon que ce soit l'épanouissement sexuel de la majorité des gens. Traiter de la fonction sexuelle comme on traite de la fonction respiratoire ou de la fonction urinaire, c'est se priver d'une grande part de surprise et d'émerveillement dans la découverte de l'autre, c'est se couper du mystère des origines de la vie, c'est émousser la tension du désir de l'autre qui tend à faire avec lui l'expérience de l'ineffable, c'est saccager la dimension de l'intime partagé qui est à la source de la relation d'amour. En un mot : c'est tuer l'érotisme ! En chosifiant le sexe, on en a fait un objet de consommation banal et on va « baiser » comme on va déféquer, sans en attendre plus que quelques spasmes voluptueux qui ouvrent bien souvent sur une insatisfaction bien plus profonde : à quoi bon tout cela ? Avec la main ou le vibromasseur on peut parvenir à un résultat à peu de choses près équivalent et sans s'embarrasser d'un(e) partenaire ! Or, la revue ou le film pornographique rassemblent tous les défauts que nous avons énumérés et peuvent induire chez le jeune une vision dégradante de la sexualité où il n'est question que de performances, de mensurations et d'exercices de frottement pour décharger la tension pulsionnelle du garçon sur des critères uniquement quantitatifs, où la dimension du lien et du sentiment est totalement exclue. La femme n'est qu'un objet dont on se sert et que l'on méprise ou injurie pour donner un peu de sel à l'affaire !

C'est donc un travail de déconstruction d'une information malfaisante que vous allez avoir à mener pour remettre en lien le vécu pulsionnel sexuel avec la dimension de la sensualité, la dimension du sentiment et la dimension de l'ineffable, de l'indicible et du mystère qui se vit dans ce partage si singulier de l'intime et qui renvoie à la dimension de la spiritualité (au sens large du terme).

Accepter de revisiter l'histoire de sa sexualité en la passant au crible de ces trois dimensions, c'est accepter de regarder que de larges pans de soi-même ne se soient pas ouverts à la relation sexuelle et qu'il reste sûrement beaucoup de chemin à faire pour parvenir à un plein épanouissement dans ce domaine. Certes, ce questionnement ne regarde pas Kévin puisqu'il s'agit de votre propre intimité, mais c'est à cela qu'il vous invite si vous voulez passer de la leçon de choses à une vraie communication avec votre enfant.

Chez les filles

À la préadolescence, les choses se formulent différemment. Moins préoccupée par la sexualité, elle l'est davantage par les modifications de son corps, par le fait de plaire et par les sentiments.

Les seins commençant à pousser environ 18 mois avant la venue des premières règles. L'apparition des règles est un moment important qui peut être traumatisant si la jeune fille n'en a pas été avertie. C'est toute sa condition de femme, rythmée par ses cycles qu'elle va devoir acquérir. Elle peut être prise dès ce moment-là entre deux sentiments contradictoires : le plaisir et la fierté de grandir et de se transformer, et – parfois presque en même temps – la peur et le refus de grandir et de se transformer, se sentant « trop petite », effrayée par un devenir qui l'inquiète, face à une différenciation d'avec ses frères et copains qu'elle refuse.

- Pour celle qui n'a pas envie de grandir, la relation avec les amies est bien compliquée. Elle, elle voudrait bien continuer à chahuter avec les garçons comme avant, ne comprenant rien aux conciliabules entre ses copines « plus avancées » qui ne parlent que de plaire et d'être amoureuses. Mais, dans son groupe, elle est considérée comme « un bébé » qui ne connaît rien aux vraies choses de la vie. Il y a celles qui sont déjà réglées, « les grandes », et les autres ! Les relations entre filles peuvent être très dures car elles ne se passent rien ! Il s'ensuit un sentiment plus ou moins diffus d'exclusion qui est douloureux car, même si elle n'est pas complètement rejetée, elle se sent dans un monde étranger. Il s'agit alors, et c'est plutôt le rôle de la mère, de la rassurer quant à sa normalité (les règles finiront bien par arriver !), et quant au fait qu'elle n'est pas obligée d'avoir les mêmes préoccupations que les autres.

- Pour une autre jeune fille, ce moment est un véritable passage initiatique, la faisant passer du côté des « grandes ». Le fait d'être réglée est un véritable statut dans le groupe de copines. On passe dans un autre monde, il s'agit d'en acquérir les modes de comportement, en imitant les filles plus âgées et en découvrant le monde de la séduction.

Moment bien délicat, pour une mère surtout, que de voir sa petite fille se transformer en Lolita, lui « piquer des fringues » ou claquer la porte de sa chambre quand elle rentre du collège.

« Camille a 12 ans. Dès l'entrée en 6e, elle a commencé à regarder les grandes et à faire comme elles : maquillage, tenue courte en cachette. Elle m'avait même piqué un string ! »

Car, s'il s'agit de plaire, il s'agit avant tout de se plaire en se conformant à une image qui est, d'une certaine manière, le sésame pour être admise dans son groupe d'amies. Cette validation est importante mais il est tout aussi important de freiner cette course en avant dans la séduction. À 12 ans, la jeune fille peut être extrêmement provocante sans s'en rendre compte. Certes elle a une certaine conscience des regards d'admiration qu'elle attire, mais beaucoup moins des risques qu'elle prend en suscitant à son insu des désirs qu'elle ne peut en rien gérer. La communication est d'autant plus importante à ce sujet que c'est une question de sécurité et les deux parents sont ici sollicités. Le positionnement d'éducation de la préadolescente qui grandit doit être cohérent : ce qui est permis et ce qui ne l'est pas, les heures de sorties, les tenues vestimentaires... doivent faire l'objet d'une décision ferme. Il s'agit aussi de lui expliquer qu'il y a des modèles à ne pas suivre, qui ne respectent ni son corps ni sa féminité et qu'elle a plutôt à trouver son propre style.

> Notre société souffre d'une forme de « marchandisation du corps féminin » qui, si elle peut sembler somme toute relativement anodine pour des adultes, peut être tout à fait dommageable pour des êtres – filles et garçons – en construction. En particulier, l'utilisation du corps de la femme, la plupart du temps dénudé, pour la vente d'une marchandise quelconque, le place au même niveau que n'importe quel bien de consommation. Il suffit d'en avoir envie pour le prendre ! Pour une jeune fille, l'image de soi en prend un grand coup ! À cela se rajoute le diktat de la mode qui impose des repères très stricts, rabaissant l'individu à la seule réalité corporelle. Pour une préadolescente, comment se trouver alors qu'on n'a pas la silhouette préconisée ? Il n'est pas superflu de lui rappeler qu'elle est plus qu'un objet matériel, qu'elle est avant tout une personne, que la beauté n'a pas de critères uniques et que ses qualités compensent très largement ses petits défauts physiques.

Les enjeux de l'affectivité ne sont pas les mêmes pour les garçons et pour les filles. Là où le préadolescent va être tracassé par ses pulsions sexuelles, la préadolescente va plutôt l'être par ses problèmes de cœur : elle tombe amoureuse rapidement et, souvent, dans des émois qui peuvent l'amener au paradis quand ils sont accueillis par le garçon en question ou dans les affres de l'enfer s'il en regarde une autre. Il s'agit d'accueillir ces élans avec respect et délicatesse, sans drame ni moquerie, en la rassurant sur sa capacité à être aimée.

Quant à la sexualité, sans tomber dans un moralisme qui ferait plus de dégâts qu'autre chose, l'information doit tenir compte de la réalité féminine. Les risques de grossesse précoce et de viol doivent être évoqués mais sans pour autant faire du monde une image trop noire. Certes cela existe, c'est pourquoi il y a des précautions à prendre, des choses à ne pas faire, des imprudences à ne pas commettre. Une discussion de cette nature lui expliquera le pourquoi de tels interdits ou de telles limites.

La dimension d'amour est essentielle à poser avec celle de la sexualité. Car, s'il est important de parler des dangers, il est tout aussi important de parler de l'épanouissement et du plaisir à la jeune fille, même si elle n'en a pas encore l'âge.

Même si la préadolescence n'est pas encore pleinement l'adolescence, les bases de la communication vont s'établir dès cette période, dès les premiers changements, alors que le dialogue se fait encore sur le mode qui avait cours précédemment, pendant l'enfance.

La position parentale est un exercice d'équilibriste : être dans le dialogue et l'ouverture tout en étant ferme sur les règles d'éducation, maintenir une bonne qualité de présence tout en respectant l'intimité et le retrait du jeune.

III

La crise d'adolescence

ON PARLE D'ADOLESCENCE au sens plein du terme quand les caractères sexuels secondaires sont bien en place, vers 14-15 ans pour la jeune fille, vers 15-16 ans pour le jeune homme. Nous utilisons ici le mot crise au sens étymologique du terme : dans le sens d'un **changement** et non dans le sens de conflit… même si parfois les deux sont associés !

Dans cet espace entre le monde de l'enfance et le monde des adultes, le jeune est maintenant au milieu du gué : il n'est plus possible de retourner en arrière et, pourtant, la berge du monde des adultes est encore loin. Il y a derrière le monde de la mère – ou plutôt de la fonction maternelle qui est prévalente au cours de l'enfance – et il y a devant le monde du père – ou plutôt de la fonction paternelle qui devient prévalente dans ce passage. Tout cela pour souligner à quel point « la main de papa » qui est tendue et qui soutient l'adolescent d'une berge à l'autre a symboliquement une importance cruciale.

> Entendons-nous bien. Il s'agit des **fonctions et non des personnes,** telles que nous les avons définies au chapitre I. Si la fonction maternelle se situe du côté des pulsions et de la satisfaction des besoins, la fonction paternelle place le sujet face au réel, c'est-à-dire face à la nécessité de mettre en forme ses pulsions plutôt que de les passer à l'acte. Cela demande de différer leur satisfaction, sans y renoncer, pour en avoir une satisfaction accrue, parce que plus adaptée à la réalité personnelle du sujet et à la réalité sociale de l'environnement. Si, dans l'enfance, ce sont les parents qui assurent cette nécessité, l'adolescence est la période de la confrontation aux règles et aux contraintes, avant de les intérioriser pour devenir un adulte à part entière, conscient et responsable.

Communiquer en pleine crise

L'identité de l'adolescent se construit globalement sur trois points : l'opposition aux désirs réels ou supposés de l'adulte, la recherche du même et l'appartenance à un groupe.

Là où il en est de sa transformation, l'adolescent souhaite à la fois maintenir le lien d'enfance et échapper à l'emprise de ses parents. Tout va donc se jouer dans la manière dont cette tension située au cœur de la relation se gérera dans la famille. L'enjeu, c'est de prendre de la distance avec ses objets antérieurs d'attachement tout en découvrant, puis en mettant en œuvre ses propres ressources. Et là, il navigue sans boussole ! Trouver la juste distance entre l'encadrement familial et scolaire d'un côté, les élans, les désirs et les projets de l'autre n'est pas une mince affaire, ni pour l'adolescent, ni pour ses parents. D'autant plus que la construction de l'identité peut connaître plusieurs périodes « d'identité temporaire » où l'adolescent peut s'emballer pour une cause puis s'emballer pour la cause inverse quelques mois plus tard. C'est parfois difficile à suivre.

On comprend alors que ce soit l'âge où la communication est la plus difficile. Les messages qui s'entrecroisent entre les deux berges sont ressentis comme très contradictoires et l'adolescent n'a qu'une envie : tout envoyer promener pour vivre seulement comme il a envie et comme cela l'arrange ! Cela dit, même si d'inévitables conflits d'ajustement peuvent se révéler ponctuellement explosifs, même si le détachement peut paraître pour l'adolescent un but en soi, il n'est pas obligatoire d'être en guerre ouverte avec ses parents pour s'autonomiser. Les changements peuvent tout aussi bien s'opérer tranquillement.

Néanmoins notre tâche de bien communiquer avec lui est des plus complexe : le voir seul au milieu du gué à se battre contre les flots tempétueux qui l'entourent ne peut nous laisser indifférent, et on aimerait tellement lui montrer le chemin ! Mais faire cela, outre le fait que, de toute façon, il refuse notre aide, ce serait empiéter sur sa propre expérience de transformation intérieure et de mue : il s'agit bien d'un changement de peau (qui en souffre bien souvent au passage à travers poussées d'acné ou autres psoriasis), d'une confrontation à une irréductible solitude devant des choix qu'il ne peut devoir qu'à lui-même ! À l'opposé, ne rien faire en attendant que ça se passe et faire la sourde oreille à toutes ses récriminations, c'est l'abandonner et prendre le risque de le voir se noyer, se plaçant cette fois dans l'impuissance la plus totale à lui venir en aide.

La marge de manœuvre est donc très étroite : elle n'est plus dans le conseil, les explications ou les justifications, elle n'est plus dans le faire, elle est dans l'accueil de l'être !

C'est par une certaine qualité « d'être avec », dans une juste présence, que l'adolescent va se sentir accompagné. Cela pourra donner lieu alors à des moments de communication profonde... C'est une présence qui pourrait se comparer à celle de l'homme qui est là avec sa compagne en train d'accoucher : une présence chaleureuse qui accompagne l'autre dans un travail qu'elle seule peut accomplir et qui peut prendre plus ou moins de temps. Patience et confiance seraient les qualités les plus importantes à avoir pour permettre au processus de se vivre dans les meilleures conditions : moins on intervient activement, mieux c'est pour tout le monde, même si l'on sait aussi que, dans des circonstances bien précises, il peut être essentiel d'agir ! Pour faire cela dans les meilleures conditions, il est indispensable de comprendre ce qui se passe et de passer rapidement en revue les bases de notre « métier de parent » en la circonstance !

Comprendre les comportements

La plupart des comportements de l'adolescent, même les plus incohérents, sont à comprendre à partir de la principale caractéristique de cette période si délicate : la perte d'identité. Face à l'effondrement des repères antérieurs, au sentiment de vide, à l'angoisse de l'avenir, au malaise devant le manque de sens de sa propre vie, le jeune doit trouver son chemin entre le désespoir et la vitalité pleine de promesse qu'il sent également en lui.

La grande confrontation est à la fois intérieure et extérieure : *« Je ne suis pas comme je voudrais être »* et *« Ça ne se passe pas comme j'aurais voulu »*. Cette grande confrontation entre réel et imaginaire qui était auparavant gérée par les parents, le jeune va devoir la gérer lui-même. Le monde devient alors très compliqué parce que trop exigeant, renvoyant une image de soi trop dure à supporter. La confrontation demande une humilité que le jeune a bien du mal à avoir, confondant cette dernière avec un sentiment de nullité. Face au monde intérieur, c'est la même impuissance qu'il rencontre : *« Je voudrais cesser de parler mal à mes parents, mais je n'y arrive pas », « Si je suis devant mon ordinateur, je n'arrive pas à m'arrêter avant de tomber de sommeil ».*

Le vécu d'angoisse

Le présent est angoissant. L'avenir l'est encore plus : le jeune n'a aucune certitude quant à son futur et la réalité sociale actuelle n'est guère encourageante. Le blues est normal, la déprime est fréquente. Quand il commence à y avoir repli sur soi (plus de contact social, même avec les amis les plus proches, refus d'aller à l'école...), on peut soupçonner un début de dépression qu'il s'agit de prendre au sérieux.

La bonne attitude à avoir, ce n'est ni de conseiller, ni de bousculer, surtout pas de mépriser. Le jeune a surtout besoin qu'on l'écoute en l'invitant à ne pas se décourager et qu'on lui fasse confiance dans ses propres capacités à rebondir. Il a besoin qu'on valorise ses réussites et ses succès. Et il y en a nécessairement, même si en ces temps troublés vous avez du mal à les percevoir.

Le vide et la désolation

De l'excès à l'addiction

Pour échapper au vide et au malaise de l'incertitude, tout est bon, même le plus futile. Tous ces intérêts prennent alors une importance excessive jusqu'à la dépendance, tant le jeune ne peut envisager de vivre sans cela. Les garçons investissent préférentiellement dans l'informatique (ordinateur et jeux vidéo qui n'en finissent pas...), mais aussi dans les « virées » plus ou moins alcoolisées entre copains, les conquêtes féminines ou le sport à outrance. Pour les filles ce sera plutôt un contact quasi addictif avec les amis (téléphone, sms...) et tout ce qui concerne le corps (mode, beauté, régimes...). De réelles addictions peuvent démarrer dans ce contexte : alcool, drogues, TV, achats compulsifs, jogging à outrance...[3]

La vigilance parentale doit porter sur la notion d'excès sans oublier qu'il y a une grande différence entre des comportements transitoires – même s'ils durent plusieurs semaines – et des comportements qui s'installent et se chronicisent, menant ainsi à une certaine pathologie.

---

[3] Voir aussi sur ce sujet *Mon ado est addict,* éd. citée.

D'où la nécessité de maintenir des règles qui protégeront aussi bien le jeune que l'équilibre familial. Sans l'enfermer ni le couper de cette reconnaissance sociale, il s'agit de le maintenir dans une hygiène de vie basée sur le simple bon sens: la nuit est faite pour dormir, pas pour « chater » ni échanger des textos avec les copines; le corps a besoin d'une nourriture saine et régulière... Même si le jeune trouve cela ridicule et dépassé, il y va de sa santé physique et/ou mentale de se maintenir dans un mode de vie équilibré.

Conduites à risque

Parfois les tensions internes sont telles que le jeune est amené à avoir des conduites effrayantes, comme pour se masquer à lui-même les souffrances psychiques insupportables qu'il endure: scarifications, conduites alimentaires ou sexuelles autodestructrices (au risque d'une grossesse mal venue ou d'une contamination de VIH ou de MST), usage immodéré d'alcool (*binge-drinking* par exemple) et de drogue, conduite aberrante d'un deux-roues, violences de tous ordres. Faire souffrir son corps apparaît comme une tentative pour faire sortir de soi les pensées et les émotions insupportables. L'agressivité et la violence gratuites vis-à-vis d'autrui peuvent aussi faire partie de cette catégorie. Le jeune ressort de ces expériences à la fois soulagé d'avoir échappé au pire et horrifié de ce qu'il a pu commettre.

Généralement, par ces comportements, l'adolescent cherche là encore à se relier à son groupe d'amis, qui souffre finalement du même mal de vivre que lui. Il y a d'ailleurs une part importante – parfois dangereuse – d'imitation, de défi et de surenchère. Mais il arrive aussi qu'au contraire, il vive tout cela dans la solitude et les ruminations, avec un risque non négligeable de voir toute cette angoisse exploser avec une violence proportionnelle au degré de non-communication.

Comment comprendre que derrière ces conduites désespérées, qui peuvent aller jusqu'au suicide, il y a une soif de vivre qui ne sait plus comment s'investir ?

Le **suicide** peut constituer selon les cas le summum d'une conduite à risque (par exemple les suicides annoncés et organisés sur Internet, le jeu du foulard...). La mort, non recherchée, arrive « par accident ». Les parents sont rarement tenus au courant de ces « jeux dangereux », c'est pourquoi la question doit être abordée à un moment ou à un autre au même titre que les dangers de la drogue.

Il peut s'agir également du summum de la désespérance, terme d'une dépression non perçue ou pas prise au sérieux. Il faut être particulièrement vigilant quand le dégoût de la vie s'accompagne d'une grande fatigue, d'un refus de tout contact social, de toute sortie surtout si habituellement elle est plaisante et de l'effondrement de l'image de soi. Si le dialogue ne peut pas se rétablir, il faut consulter car une tentative de suicide, même si on y repère un simple appel au secours, est toujours à prendre au sérieux, et les récidives sont fréquentes.

Aucun comportement autodestructeur n'est admissible. Quand les parents en ont connaissance – ce qui malheureusement est loin d'être fréquent ! –, ils doivent poser fermement l'interdit de porter atteinte à son intégrité. Mais au-delà de cette situation d'urgence, on peut se poser la question de ce curieux rapport à la vie. C'est comme si, ne se sentant pas assez exister dans un comportement habituel, l'adolescent avait besoin de sensations fortes, au bord de la mort parfois, pour s'assurer qu'il est vivant. Il est urgent de l'aider à se sentir vivant dans des investissements sains qui servent la vie plutôt que mortifères. On peut l'aider à se sentir utile et important dans toutes sortes d'activités qui le valorisent. Une psychothérapie peut aussi lui permettre de recontacter son désir de vivre.

La perte de sens

Ce qui perd de son sens, à l'adolescence, c'est sa vie d'avant, entre famille et école, dans un univers structuré en dehors de lui. Il aura à construire ses propres références avec des valeurs, des attentes, des projets, mais, pour l'heure, ce qu'il vit est dépourvu de sens. Pour dépasser ce sentiment, le jeune va chercher à investir la vie en fonction de ses moyens, en affirmant par différents comportements une autonomie et une assurance qu'en réalité il est loin d'avoir. Les transgressions, les provocations sont inévitables à cette période-là, et elles ont plusieurs significations :

- une simple affirmation de soi : *« Je suis assez grand pour savoir ce que je dois faire », « Je fais ce que je veux », « C'est moi qui décide pour ma vie »...*
- la vérification de la validité des règles en se confrontant aux conséquences quand elles sont transgressées : *« Quand je me couche après 2 h du matin, j'ai du mal à me concentrer en classe », « Je ne trouve plus ma carte de transport. Je prends quand même le bus et je me fais contrôler. Amende »*. Il est essentiel que ce soit le jeune lui-même qui paye l'amende !
- la vérification de la solidité de l'autorité parentale (toute règle doit être accompagnée d'une sanction en cas de transgression, dans de justes proportions) ;
- la vérification aussi du maintien de l'amour des parents, même si l'on n'est plus l'enfant docile qu'on était avant.

Étymologiquement, **provoquer** veut dire « faire appel ». Par les attitudes excessives, les transgressions ou les crises de mutisme, l'adolescent envoie un message auquel il s'agit de répondre. La demande sous-jacente de vérifier son identité renvoie toujours à la même ambivalence : que ce soit une défense contre la crainte de l'intrusion (mutisme, absence de réponse aux questions ou à toute tentative de communication) ou une certaine exhibition (se promener dans le foyer à moitié nu(e), embrasser à pleine bouche son(sa) petit(e) ami(e) à la limite de la décence...), il s'agit toujours d'une demande d'attention et de rappel des règles. L'adolescent a un besoin énorme d'être vu, c'est-à-dire que ses parents jouent un rôle de miroir, lui renvoyant qu'il existe pleinement et est pris en considération – au-delà de ses excès comportementaux – tout en posant des limites sécurisantes qui constituent en quelque sorte la définition de sa singularité.

Le leitmotiv de l'adolescent, c'est sa liberté, mais il donne généralement à ce terme une mauvaise définition. Ce n'est pas être libre que d'abîmer son corps ou de se mettre en danger. Ce n'est pas être libre que d'être insolent, irrespectueux et violent. Ce n'est pas être libre que de ne faire que « ce que je veux, quand je veux, où je veux et avec qui je veux ». C'est au contraire être prisonnier de ses pulsions, impuissant à les canaliser. L'adolescent, pour ne pas y perdre son identité déjà bien vacillante, a besoin d'assimiler le côté structurant des règles qu'il va bien percevoir comme sécurisantes à partir du moment où elles sont fermes et cohérentes. Il doit connaître et accepter les normes de sa société tout en testant les limites de son autonomie sans remettre en cause la continuité de l'ordre culturel et social. Ce n'est qu'en acceptant la contrainte qu'il pourra prendre la mesure de ses potentiels et de ses forces et ainsi devenir réellement libre.

Généralement, le rejet des lois familiales est à comprendre comme la nécessité de s'en démarquer pour échapper à l'emprise, pour échapper aussi au risque régressif. Ça n'a rien à voir avec les valeurs en elles-mêmes. L'adolescent a besoin de se positionner vis-à-vis d'elles, soit pour les rejeter parce qu'elles ne lui conviennent pas, soit pour se les approprier en les faisant siennes.

Si les règles familiales sont clairement posées, la transgression n'a pas à être dramatisée. Peut-être faut-il assez régulièrement reformuler au jeune la nécessité des « lois » qui régissent aussi bien la vie collective que personnelle. L'établissement d'un « contrat » dont les clauses auront été discutées et définies en famille, signé par chacun, peut éviter les contestations interminables et stériles, d'autant plus que les sanctions en cas de transgression auront été formulées. Et elles doivent absolument s'appliquer telles qu'elles ont été prévues, sans aucune dérogation qui invaliderait le contrat. Attention à l'incohérence : plus on se fait du souci, plus on a tendance à être permissif. L'adolescent alors perd ses repères, il devient de plus en plus provocant et violent, manifestant ainsi son angoisse d'être livré à lui-même et sa demande de plus en plus urgente d'être cadré. Comprendre le sens des transgressions, ce n'est pas les permettre. Le maintien d'un cadre fiable et cohérent peut, seul, maintenir chez l'adolescent une structure qui va lui permettre de passer les remous sans grand dommage.

S'investir en dehors du foyer

Il peut arriver aussi que le jeune trouve beaucoup plus d'intérêt à l'extérieur du foyer, ce qui est tout à fait légitime, car, pour se construire, il a besoin de voir ailleurs comment cela se passe. Le monde pour lui peut s'élargir et lui apporter d'autres ressources. Ce n'est en rien une trahison ni, quoi qu'il en dise parfois, une réprobation des valeurs parentales.

Tenter de le retenir à l'intérieur du foyer, c'est oublier que le franchissement de l'adolescence ne peut se faire que si les parents en laissent la possibilité. Si nous réagissons trop souvent aux initiatives de notre enfant par la surprise, la gêne, voire le refus, nous risquons soit de le pousser à plus de provocation, soit de tuer en lui l'élan vers le monde. Un jeune qui reste collé à ses parents, sans aucun changement ni ouverture au monde comme si celui-ci présentait une dangerosité que l'on ne peut affronter, est inquiétant. C'est pour lui qu'il y a le plus de soucis à se faire, même si le fait qu'il ne fasse pas de vagues empêche le plus souvent l'aide psychologique dont il aurait le plus grand besoin. L'adolescence, même tranquille sans révolte fracassante, doit être ouverte et vivante.

Les adultes ont une tendance naturelle, et bien légitime, à vouloir protéger les jeunes de tout ce qui, pour eux, est porteur de destruction. Il se peut aussi que les prises de risque et l'audace de nos jeunes nous renvoient à nos rêves d'adolescent et à ce que nous en avons fait. Nous nous effrayons de les voir s'attacher à de curieuses relations, à s'engager dans des projets aléatoires. Nous oublierions alors que, pour grandir, les garçons comme les filles ont besoin de se créer des épreuves qui ont valeur d'initiation. Prendre des risques et, au dernier moment, les éviter confirme la présence de qualités comme le courage, le dépassement, l'intuition… et renforce l'estime de soi. Il est vrai aussi que c'est dans l'urgence à donner du sens à sa vie que le jeune va être tenté par des groupes lui proposant des idéaux, avec de vraies réflexions et de vraies actions. Tout au moins c'est comme cela qu'il le voit. Il pourra alors s'engager dans un mouvement politique, social ou religieux. Le problème qui peut se poser est que sa soif d'idées nouvelles le rende peu vigilant et il est une proie facile pour les « gourous » de tous ordres. Le risque d'emprise est très important.

Discerner ce qui est de l'ordre d'un vrai danger ou de l'ordre de notre propre besoin de sécurité, c'est sur cela que la communication doit porter quand les conditions de confiance et de sécurité sont réunies.

La créativité de l'adolescent

L'adolescence est l'âge de toutes les créations. Le refus de l'ordre établi, de la fatalité, du raisonnable d'un côté et une certaine forme de toute-puissance de l'autre font qu'il peut nourrir des projets, professionnels ou autres, différents de ceux que ses parents pouvaient avoir pour lui. Sur le plan social aussi : il faut bien reconnaître que, depuis près d'un siècle, ce sont les adolescents qui, par leurs manifestations et leurs révoltes, ont amené des sociétés sclérosées à enfin se mettre sur le chemin des réformes... Ils savent bien qu'ils représentent l'avenir de leur société. On pourrait d'ailleurs mesurer la bonne santé d'une communauté humaine au degré de réactivité et d'épanouissement de ses adolescents... Il s'agit de dépasser les limites du possible et de l'imaginable. C'est à l'adolescence que l'on peut sortir des sentiers battus, oser, vivre dans le déraisonnable. La déraison est le propre de l'adolescence. Elle porte en germes toutes les transformations, toutes les innovations, et c'est cela qui, parfois, nous donne le tournis. À nous parents d'accepter aussi d'être bousculés dans nos petites habitudes, car nos adolescents ont aussi des choses à nous apprendre et à nous rappeler : que la vie a besoin de mouvement et de renouvellement pour se perpétrer.

Une trajectoire

Maintenant que les bases des principales attitudes et réponses à avoir face à la crise d'adolescence sont jetées, nous allons tenter, à travers l'exemple d'Alexandre et, en « version fille », d'Alexandra, d'en accompagner le déroulement nous situant beaucoup plus du côté de notre monde intérieur en tant que parent que celui de l'ado. Nous allons aborder cette transformation selon les quatre dimensions qui structurent la personnalité : la dimension instinctuelle, liée au ventre ; la dimension sentimentale, liée au cœur ; la dimension intellectuelle, liée à la tête ; et la dimension spirituelle liée à l'esprit...

La dimension instinctuelle

C'est elle qui constitue le moteur fondamental du changement puisque c'est la transformation du corps avec la naissance de la pulsion sexuelle qui a poussé à un remaniement complet de la personnalité. Contrairement aux autres mammifères, il faut à l'humain une douzaine d'années pour être pubère. Après une si longue maturation, on peut comprendre qu'il soit plutôt difficile de transformer radicalement son rapport à soi-même et son rapport aux autres !

Bien au-delà de la sphère sexuelle, la dimension instinctuelle vient bouleverser tout le monde des émotions et des ressentis, d'où l'instabilité émotionnelle de beaucoup d'adolescents.

C'est avec les tripes qu'ils vont appréhender le monde... Pas de demi-mesure ! C'est avec toute sa fougue que le garçon va tout donner et que la fille va tout entière se donner ! On comprend alors que les erreurs et les ruptures puissent donner lieu alors à des catastrophes, tant sur l'image de soi que sur l'image du genre humain que l'on tente de se construire...

Chez le garçon

Alexandre, 17 ans, est un beau garçon, qui, à certaines périodes, se montre aussi excessif qu'enthousiaste dans ses propos. Il ne supporte pas la moindre remarque sans se mettre en colère et a beaucoup de mal à maîtriser ses émotions. Il s'est enflammé à l'occasion de plusieurs relations amoureuses qui sont toujours restées éphémères. À certains moments, il apparaît triste et désabusé, ne voit plus personne, passe son temps à dévaloriser sa sœur cadette et vous envoie promener chaque fois que vous tentez de communiquer avec lui. Ses résultats scolaires sont le reflet de son comportement : parfois très bons, parfois très mauvais...

Vous avez l'impression qu'il est comme un bateau ivre tantôt dans le roulis, tantôt dans le tangage... Au beau milieu d'une tempête intérieure, il a bien du mal à tenir le gouvernail de sa vie dans une direction donnée. Même si cela vous démange de le faire à sa place, n'en faites rien, ce serait une démarche bien malvenue qui pourrait aboutir au résultat exactement contraire à celui que vous espériez.

Son côté « écorché vif » traduit le changement de peau dans lequel il se trouve et la nécessité de faire table rase de ses repères anciens avant de pouvoir s'en choisir de nouveaux. Cet « entre-deux » le plonge dans des alternances de périodes où il est dans une forme d'exaltation, de conquête du monde extérieur, alors qu'à d'autres moments, c'est le sentiment d'impuissance et d'inutilité qui domine.

La seule chose qui aidait les mariniers en cas de tempête, c'était le phare qui continuait imperturbablement à envoyer sa lumière depuis la côte... C'est un peu cela, la **position des parents** qui assistent à cette tempête :

- rester inflexibles sur toutes les transgressions à la loi, mais savoir rester souples sur les détails du quotidien ;
- rester fidèles à tous les principes fondamentaux dans lesquels est ancrée votre vie familiale, mais accepter qu'il puisse remettre en question les croyances et rituels qui vous sont propres ;
- continuer à garder bien brillante la lumière de votre confiance en votre enfant, mais dénoncer très clairement les bas-fonds dans lesquels il pourrait s'enliser.

Un jour où il était particulièrement déprimé, il s'est retrouvé seul avec son père et il a laissé échapper cette confidence : *« Avec les filles, ça ne va pas du tout, ça part tout de suite... Il faudrait peut-être que j'aille voir un médecin. »* Même si ce père peut être satisfait d'avoir su établir une telle qualité de présence pour que son fils lui confie quelque chose d'aussi intime, comment trouver les mots pour l'aider sur son chemin ? Il n'a d'autre choix que de reprendre contact avec les affres de ses propres premières rencontres sexuelles, pas brillantes non plus, pour trouver le fil qui l'a aidé à s'en sortir et qui lui a permis de vaincre les moments de profond découragement qu'il a peut-être bien connus lui aussi. C'est en se laissant guider par ce fil qu'il pourra accompagner son fils dans sa difficulté.

Il est bien difficile de faire saisir à un adolescent que, dans sa fougue conquérante, il cherche, au travers de tous les visages de filles qu'il amène dans sa couche, à retrouver le visage de « La Femme ». En effet, chaque adolescent, quand il n'a pas été trop pollué par les méfaits de la pornographie ou d'autres influences aussi néfastes, entretient au fond de lui l'image très idéalisée de « La Femme » qui saurait comprendre et peut-être réparer toutes les blessures d'enfance vécues avec sa propre mère ou toutes celles qui ont pu être amenées à jouer ce rôle... C'est cette image-là et cette espérance qui se trouvent projetées sur chaque visage rencontré, avec, aussitôt, la déception que l'autre n'ait pas pu répondre à une attente impossible à combler. Comment lui permettre de réaliser qu'au travers de l'odeur d'un parfum de femme ou du goût de sa peau, peut remonter l'émotion de tout ce que le bébé en lui a pu souffrir d'angoisses et de manques... D'où cette propension à rechercher, avec tant d'empressement, à se plonger de nouveau dans ce ventre, source de toutes les attentes mais aussi de toutes les angoisses, pour s'y abandonner immédiatement et totalement... avec, tout de suite après, l'amère déception d'avoir été incapable de maintenir la moindre verticalité, la moindre maîtrise pour saluer et honorer la toute jeune fille, bien maladroite elle aussi, qui se trouve à ses côtés ? Il se joue, au travers des premières relations sexuelles, un scénario de réactualisation de tout le manque vécu dans la période de fusion normale entre la mère et l'enfant. C'est pourquoi le jeune vit généralement ses premières relations sur le mode de la passion fusionnelle qui caractérise le lien premier entre la mère et son bébé.

Mais tout cela est du domaine de la psychologie et il n'est pas prêt à l'entendre, aussi est-il important de le réassurer dans un premier temps en lui expliquant que l'éjaculation est quasiment toujours précoce chez le jeune et que le fait de différer la survenue du plaisir est un apprentissage typiquement humain qui se fait à deux, au fur et à mesure que la relation de confiance et d'altérité se met en place au sein du couple. Dans son rôle de père, qui reste de séparer l'enfant de sa mère, celui-ci pourra peut-être lui glisser au sujet de Stéphanie, sa dernière petite amie « *Tu sais, j'ai le sentiment que tu attendais beaucoup trop de Stéphanie, tu attendais qu'elle comble tous tes désirs. Tu l'avais mise très haut, sur un piédestal... C'est important de regarder l'autre pour qui il est et non pas pour ce qu'on voudrait qu'il soit. Tes attentes me semblent tellement énormes qu'elle ne peut pas y répondre...* »

Ce n'est que le début de l'échange, mais, pour ne pas le brusquer, il est essentiel de ne pas porter de jugement négatif ou abrupt : Alexandre fait du mieux qu'il peut. Il ne faudra pas oublier de le remercier de sa confiance et d'avoir accepté de vous écouter.

Chez la fille

Pour la jeune fille, la dimension instinctuelle est inscrite au sein d'une problématique corporelle plus générale. Certes, comme le garçon, elle a des pulsions sexuelles, mais là où elles sont souvent isolées et leur satisfaction recherchée comme telle chez l'adolescent (la sexualité pour la sexualité, surtout pas d'attachement), du côté féminin elles seront généralement étroitement liées aux sentiments.

Depuis quelque temps, Alexandra, 17 ans, est triste et renfermée. Elle qui était si coquette ne s'habille plus que d'un vieux jean et d'un grand pull informe. Un soir, enfin, elle éclate en sanglots : *« Mais ils ne pensent qu'à ça ! Si on ne couche pas on se fait jeter ! »* Et de raconter cet épisode avec ce garçon dont elle était si amoureuse. La relation avait bien commencé mais son petit ami se faisant de plus en plus pressant, elle lui a opposé qu'elle n'était pas prête à « aller plus loin ». Vexé et frustré, il l'a violemment insulté, la traitant d'allumeuse, et depuis elle fait l'objet des railleries parfois fort méchantes de lui et de ses copains. « *Mais tu sais, les filles qui couchent, ils les traitent de putes et les méprisent tout autant.* »

Voilà l'un des grands drames : là où l'adolescente rêve de relation durable, voire de mariage, l'adolescent rêve de sexualité, chacun cherchant à sa manière à être rassuré quant à ses capacités de plaire et d'être aimé. La **différence des sexes**, nous dit Françoise Dolto, est l'une des grandes castrations : en prenant pleinement conscience que l'on est une fille ou que l'on est un garçon, nous devons admettre que jamais nous ne saurons ce que ressent l'autre sexe. Tout couple est la tentative de retrouver ce sentiment de complétude, en retrouvant « sa moitié ». Sauf que cela n'est pas très juste car les deux moitiés ne fonctionnent pas de la même manière. Filles et garçons, femmes et hommes ont des manières différentes de rechercher la plénitude, le sentiment d'être aimé et l'effacement de l'angoisse d'abandon. Si on parle beaucoup de sexualité, on parle beaucoup moins des manières différentes qu'ont les hommes et les femmes d'aborder la sexualité.

Le père d'Alexandra sera sans doute le bienvenu pour lui expliquer comment fonctionne un garçon. Car si la position doit être ferme *(« Si le garçon avec lequel tu es se montre incapable de te respecter, alors laisse-le partir. Tu mérites mieux. »),* il est important de faire prendre conscience à Alexandra que ses tenues et attitudes sont parfois provocantes.

En effet, dès qu'elle a surmonté l'éventuel embarras qu'elle a pu vivre lors du développement de ses formes, l'adolescente va vouloir montrer, mettre en scène ce corps qu'elle veut désirable. Elle a besoin, pour se sentir confirmée en tant que femme, que le regard de l'autre se pose sur elle, le regard de l'homme mais aussi le regard de ses amies, dont elle attend et redoute le jugement. Le risque est qu'elle devienne *« fashion victim »,* à l'affût à la fois d'un certain conformisme à la mode et d'une fausse originalité, au risque d'y perdre sa personnalité. Elle critiquera volontiers la manière de s'habiller de sa mère… tout en allant lui « piquer » un pantalon ou des chaussures ! À 16 ans, elle ne grandira plus que modérément et sa silhouette a globalement trouvé sa morphologie. Alors, en valorisant ses charmes pour séduire, elle jouera sans le savoir un jeu dangereux qui pourra lui apporter de grands désagréments si elle manque de prudence et de discernement, devenant la proie de toutes sortes de prédateurs. Le regard parental se doit de lui rappeler la réalité parfois dangereuse du monde.

Comment aider Alexandra ? C'est d'autant plus urgent que, la vanne des larmes étant ouverte, elle raconte comment plusieurs fois dans la foule ou au cinéma, elle avait subi dans la honte et le dégoût des attouchements d'hommes dont parfois elle n'avait même pas vu le visage.

Comme le père d'Alexandre, la mère d'Alexandra va se retrouver plongée dans les affres de ces situations où, au même âge que sa fille, cette féminité toute nouvelle dont elle était si fière et qu'elle voulait montrer s'est heurtée à des regards salissants et des mains irrespectueuses. Mais cela fera aussi sûrement remonter les doutes qu'elle-même a ressentis quant à son droit à dire non, sur l'angoisse d'être abandonnée si on refuse à l'homme ce qu'il demande. La communication entre Alexandra et sa mère devra porter sur deux aspects : la communication avec soi-même car Alexandra doit pouvoir reprendre confiance en elle-même et en sa capacité à se faire aimer d'autrui tout en se respectant et se faisant respecter, et la communication avec l'autre sexe.

Les dégâts des agressions sexuelles

Nous devons nous arrêter un instant sur le grave problème de l'agression sexuelle. Que celle-ci se soit déroulée sous forme d'attouchements, de propos pornographiques au téléphone, d'exhibition, de viol ou même d'inceste, il s'agit toujours – au regard de la loi française – d'un crime qui sera jugé aux Assises et non en Correctionnel. Et si c'est considéré comme un crime, c'est parce qu'un tel événement peut briser non seulement la vie sexuelle future de la victime mais aussi son équilibre psychique. Si ce problème concerne essentiellement les filles, de plus en plus de jeunes garçons subissent également des abus de cet ordre.

Si l'agression a été subie durant l'enfance, elle reste le plus souvent silencieuse jusqu'à la puberté où, avec le réveil de la sexualité, elle s'exprime de façon parfois explosive quand l'adolescent(e) se rend compte du désastre causé sur son intimité par l'abus qu'il/elle a subi. Cela peut prendre la forme de plaintes somatiques multiples de l'adolescent mal dans sa peau, mais cela peut être aussi l'un des facteurs déclenchants d'une anorexie mentale (surtout chez les filles) ou d'une décompensation psychotique (surtout chez les garçons).

L'**anorexie** est l'un des grands risques de l'adolescence. Ce trouble touche essentiellement les filles (10 filles pour 1 garçon). Il s'agit de la restriction volontaire de nourriture, qui, partant souvent du prétexte de faire un régime amaigrissant, devient dangereusement pathologique dès que s'installe une aménorrhée et peut mener à la mort soit par cachexie soit par suicide. Les premiers signes d'alerte qui accompagnent le trouble alimentaire sont le surinvestissement scolaire en même temps qu'une très forte dévalorisation de soi, des doutes douloureux et récurrents quant à ses propres capacités, et un repli sur soi. Ni les raisonnements ni les conseils diététiques ne sont efficaces et une consultation auprès d'un spécialiste des adolescents ou de l'anorexie est urgente.

Si l'enfant ou l'adolescent agressé sexuellement se renferme le plus souvent dans sa coquille, dans un mutisme et dans une inertie absolue, c'est qu'il se sent le plus souvent honteux, coupable et responsable, victime en plus d'un chantage affectif infligé par celui qui abuse. Face à cela, il est extrêmement difficile de mettre au jour un traumatisme d'autant plus violent qu'il est tu. Sa révélation va faire l'effet d'une bombe dans une famille. Comment cela a-t-il pu arriver sans que, moi, son père ou sa mère, je m'en rende compte ? Cela réveille beaucoup de sentiments d'horreur, de culpabilité et d'impuissance. Car, si on ne peut pas revenir sur le passé et effacer quelque chose d'insupportable, il s'agit maintenant de regarder les choses en face. Il n'y a rien de pire pour un adolescent qui trouve enfin la force de parler que de ne pas être cru, ou de s'entendre dire qu'il/elle l'a bien cherché. Même par angoisse, ne rajoutons pas un nouveau traumatisme au traumatisme initial !

Ici en particulier, il est question de sécurité et de confiance dans la communication. L'adolescent a besoin de se sentir accueilli dans ses plaintes et soutenu inconditionnellement : *« Nul n'a le droit à disposer de ton corps sans ta permission. »* Il pourra être nécessaire, pour l'aider à se reconstruire, de dénoncer ce crime publiquement, mais seulement si cela a du sens pour la victime et quand elle sera prête. Il s'agit avant tout de l'aider à se tourner vers la vie et de reconquérir son droit au respect et à l'amour. *« Rester bloqué sur l'abus subi, c'est laisser celui qui a abusé de toi continuer à avoir du pouvoir sur toi. »* Une aide psychologique sera sans doute nécessaire.

La dimension sentimentale

Chez l'adolescent comme chez l'adolescente, l'amour est l'occasion à la fois de réparation de blessures affectives antérieures et de quête d'identité. Chacun projette sur l'autre les images diffuses qu'il a de lui-même et lui demande implicitement d'être conforme à son attente. Ce qui ne va pas sans cruelles déceptions !

Chez le garçon

On comprend que, dans son fonctionnement sur le mode du tout ou rien, Alexandre puisse voir son cœur chavirer en toute occasion.

Suite à une passion d'autant plus amoureuse qu'elle était platonique à l'âge de 11 ans, il a vécu une très grande blessure quand il a été repoussé. Depuis, il est dans une quête incessante de retrouver cette dimension amoureuse, mais, dès qu'un lien sentimental s'établit, il se retrouve, sans le savoir, dans une telle angoisse de voir se reproduire la même blessure qu'il saisit le premier prétexte pour rompre la relation. Ainsi oscille-t-il, dans son discours sur les filles, entre deux positions diamétralement opposées : soit elles sont super (les qualificatifs changent avec les modes), soit ce sont toutes des « putes » !

Même si l'exemple d'Alexandre ne saurait être généralisé, il n'en est pas moins assez caractéristique du mode de réaction de beaucoup d'adolescents face à la dimension du lien et de l'engagement : pour nombre d'entre eux, tout lien est de l'ordre d'une privation de liberté, d'une aliénation ! Ils se veulent sans lien, c'est-à-dire « a-lien », et celui qui est « alien » ou aliéné, est aussi celui qui est étranger, voire fou. D'où peut-être leur fascination pour des films d'horreur du genre « Alien » qui mettent en images, de façon hyperréaliste, le vécu psychologique de se sentir « possédé » au niveau de ses tripes et de son cœur ! Il en est de même pour les films de vampires qui viennent représenter ce qui, dans la nuit de leur monde intérieur, les terrifie : celui qui, dans sa passion dévorante, vous pompe toute votre énergie. Or, dans leurs passions fusionnelles, ils ont bien du mal à comprendre qu'ils se comportent parfois eux-mêmes en véritables vampires !

On peut bien sûr extrapoler le vécu sentimental évoqué à toutes les autres formes de relation où la dimension du lien est présente. Au premier rang se trouve celui de l'attachement aux parents.

Le jeune peut se montrer violemment critique ou rejetant à leur égard tout en montrant par ailleurs des signes de dépendance affective très infantiles. Fini les câlins et les petits mots tendres ! Mais ils peuvent être tellement sensibles à un sms d'encouragement ou à un petit mot de reconnaissance de ce qu'ils font ! Alors, comment trouver la position juste vis-à-vis de lui qui a encore bien besoin qu'on lui témoigne de l'amour, mais qui en refuse le plus souvent toutes les manifestations ?

Il est vrai que l'on peut rester pétrifiés, sans parvenir à réagir sainement face aux propos méprisants et odieux d'un adolescent. Il faut savoir que l'intensité du rejet est bien souvent proportionnelle à l'intensité de la dimension fusionnelle qui persiste dans la relation. Plus le parent est dans une demande affective ou existentielle importante par rapport à son enfant, plus celui-ci va devoir employer les grands moyens pour tenter de « couper le cordon », tout en essayant de garder les bénéfices de sa position dominante. Il est alors essentiel pour le parent d'accepter de voir son enfant s'autonomiser. C'est ce qui lui permettra de retrouver une autorité perdue : le respect de l'autre passe d'abord par le respect de soi-même, ce qui représente un sacré programme de travail sur soi !

Par contre, les injures et le manque de respect envers les personnes ou les biens sont à proscrire avec la plus grande fermeté. Si l'autorité du parent est bien en place, il n'y aura pas de surenchère. Mais si, dans la colère du moment, vous menacez votre adolescent de le mettre dehors, il faut que vous soyez bien sûr de mettre votre menace à exécution s'il récidive dans ses transgressions. Et il y a de fortes chances qu'il vienne vérifier votre parole à cet endroit-là ! Même si c'est un constat d'échec que de devoir en arriver là, c'est peut-être un passage nécessaire pour recouvrer votre autorité et votre dignité à ses yeux, à condition, bien entendu, de ne pas confondre sanction avec rupture définitive du lien. Cette dernière hypothèse témoignerait d'une grave difficulté à assumer votre fonction de parent.

Il arrive parfois que la **rupture** soit inévitable. Même si ce n'est jamais souhaitable, il faut parfois en passer par là. Ce que l'on peut en espérer, c'est que la distance qui s'installe permette à chaque parti de laisser s'apaiser violences et rancunes, de manière à pouvoir retrouver plus tard un autre mode de communication. Rupture ne veut pas dire perte d'amour. L'essentiel est que l'adolescent ne soit pas isolé et reste en communication avec un autre adulte que ses parents (frère ou sœur plus âgé, oncle ou tante, grands-parents...) afin de maintenir un pont qui sera franchi un jour vers la réconciliation.

Il existe également des situations où toute forme de communication est exclue. Certaines familles sont plus vulnérables que d'autres. Soit la communication n'a jamais existé, soit elle s'est perdue dans une crise familiale, récente ou ancienne, ouverte ou non dite. C'est tout le potentiel de négociation qui se trouve compromis et, en général, la rupture finit par s'exprimer dans un passage à l'acte agressif ou destructeur.

S'il est parfaitement normal d'en avoir assez des provocations incessantes de votre adolescent, il est par contre injuste et destructeur d'y répondre sur le mode du mépris et du rejet. Trouver le ton juste est primordial. Pour ce faire, il convient que chacune de vos paroles soit habitée par votre cœur et votre âme... à savoir tout ce que vous avez accumulé d'expérience de vie, de convictions et d'attachement profond pour cet enfant. Les adolescents ne supportent pas l'hypocrisie. Il vaut mieux un discours authentique et maladroit qu'une longue tirade très juste psychologiquement, mais pas du tout habitée. Le *« je ne t'aime plus parce que tu n'es pas conforme à ce que j'attends de toi »* n'est rien d'autre qu'un chantage affectif qui empêche l'autre d'exister. Autant il n'y a pas de honte à avoir quand vous exprimez un sentiment d'impuissance ou de juste colère, autant « honte à vous » si, pour parvenir à vos fins, vous utilisez volontiers l'arme du chantage affectif ou du double discours, qui consiste à exprimer par la parole des sentiments ou des émotions opposées à ceux que vous ressentez. Dans une telle situation, l'adolescent ne sait plus s'il doit faire confiance à son ressenti ou à ce qui est dit, ce qui a pour effet de le rendre « fou », en tout cas fou furieux ! Et tâchez de ne pas confondre ressentiment et rejet : on peut avoir une juste colère contre quelqu'un à laquelle on reste néanmoins profondément attaché !

Pour en revenir à Alexandre, vous avez donc compris qu'il a sans doute vécu des manques affectifs dans sa prime enfance (sa mère a dû reprendre le travail très vite après sa naissance et par malchance il a été ballotté de nourrice en nourrice et de crèche en crèche). Dès son premier amour, à l'âge de 11 ans, il a tenté de les combler. Depuis, il reste dans une quête éperdue de LA femme qui pourrait les « réparer ». Mais puisque les premières expériences de liens affectifs vécues depuis l'enfance se sont soldées par de douloureux échecs, il est maintenant dans l'angoisse à chaque fois que se crée un lien.

⇨ Sa mère pourrait peut-être lui parler du contexte de son enfance et de l'impossibilité dans laquelle elle s'est trouvée de pouvoir s'occuper de lui régulièrement : cela l'aidera à penser (ou panser) ses blessures. S'il avait eu une bonne nourrice sur un temps assez long, cela aurait constitué un excellent substitut maternel, mais les déménagements et la malchance en ont voulu autrement.

⇨ Son père pourrait peut-être faire avec lui un état des lieux : *« Alexandre, je sais que tu peux être quelqu'un de généreux, de chaleureux et de tendre. C'est important que tu arrives peu à peu à te faire un peu plus confiance dans tes relations aux autres et à ne pas attendre des autres plus qu'ils ne peuvent donner. C'est important de ne pas aller trop vite et de ne pas imaginer que tu ne vaux rien ou que ce sont les autres qui ne valent rien à chaque fois que tu connais une déception... »*

Le message à faire passer, c'est qu'aucune femme, aussi aimante, aussi attentive soit-elle n'a le pouvoir d'effacer le passé ni de combler tous ses besoins. D'autant plus qu'elle aussi, en face, sera dans la même attente. Il s'agit de lui expliquer qu'une relation durable se construit à deux, dans l'écoute et le respect mutuel.

Chez la fille

La dimension sentimentale est essentielle pour l'adolescente, plus que la dimension pulsionnelle qui lui est assujettie. L'adolescente rêve d'un grand amour, qui l'enlèverait à son quotidien triste et banal vers une félicité éternelle. Ce qu'elle demande, c'est que le « prince charmant » devine et comble ses désirs les plus secrets. C'est pourquoi elle peut s'emballer facilement pour tel chanteur ou tel acteur de cinéma (confondant la réalité de l'homme avec les rôles qu'il peut jouer et l'image publique qu'il donne de lui-même).

> Évidement la réalité est moins rose et ce super garçon qui se tourne vers elle – sous le regard envieux de ses copines – se révèle finalement bien décevant. Ce n'est pas qu'il soit forcément mauvais, ce garçon. Simplement, il ne correspond pas aux fantasmes d'une Alexandra aveuglée par ses idéaux : *« S'il m'aimait vraiment, il devrait savoir ce qui me fait plaisir sans que j'aie besoin de lui demander »*, recherchant sans le savoir à recréer une situation fusionnelle de toute petite enfance, où la mère sait pour son bébé ce dont il a besoin.

Comme Alexandre, Alexandra aura sans doute besoin que sa mère lui raconte comment elle-même, tout au long de sa vie sentimentale, a dû assouplir ses idéaux, apprendre à exprimer clairement ses désirs sans attendre que l'autre devine, accueillir aussi les qualités inattendues de l'autre.

Quand il s'agit de parler du lien à son adolescent, on n'a pas d'autre choix que de parler avec son cœur, mais en gardant, autant que possible, la maîtrise de ses émotions. Même si on a l'impression que son enfant se retrouve dans les mêmes pièges que ceux que l'on a traversés, il importe de le laisser vivre sa propre expérience tout en le prévenant des dangers, si soi-même on a pu les identifier. Les variations sur ce qui pourrait être dit sont infinies. Il s'agit seulement qu'elles soient authentiques, en les gardant dans une qualité de présence à l'autre dans sa sensibilité et sa fragilité propre !

La dimension intellectuelle

Là encore, c'est la pleine effervescence. Riche de nouvelles capacités intellectuelles, soutenu par les multiples sources d'informations dont il dispose aujourd'hui, l'adolescent, comme l'adolescente, va mettre tout son enthousiasme à changer le monde. Mais il faudra s'en méfier plus particulièrement chez le garçon qui a une plus grande facilité que la fille à « décrocher » de la réalité.

C'est l'âge où il découvre qu'il peut commencer à se défaire des systèmes de pensée de sa famille et de son entourage pour accéder petit à petit à une pensée propre. Cela constitue une véritable révolution dans sa façon d'appréhender le monde qu'il regarde désormais d'un tout autre œil. Néanmoins, il importe d'être bien attentif à ce que cette fonction « pensée » toute neuve reste bien en lien avec ses émotions et son ressenti. En effet, s'il se coupe de ses liens affectifs, l'intellect devient un jeu qui se met à tourner sur lui-même et crée de manière insidieuse un monde à part plus ou moins interprétatif qui, dans les cas extrêmes, risque de l'emmener aux confins du délire et de la psychose.

Alexandre, dans sa classe de terminale, s'est découvert une passion pour la philosophie, au détriment des autres matières. Il saisit la moindre occasion pour se lancer dans de grandes joutes verbales. À l'occasion de la promulgation d'une loi concernant l'Éducation nationale, il s'est engagé dans la lutte contre cette réforme. Avec beaucoup de fougue, il s'est lancé dans la bataille, prenant des positions très radicales et extrémistes. Lors d'une soirée où il est rentré particulièrement fébrile, il interpelle son père sur ce ton :

« Y'en a marre des vieux ringards réactionnaires qui s'accrochent à leurs privilèges et veulent faire des universités l'antichambre des grosses multinationales qui ne cherchent qu'à exploiter l'homme et la nature sans tenir le moindre compte de ce qui peut faire son bonheur ! Elle est belle la République avec son mot d'ordre "Liberté, Égalité, Fraternité" ! Où est-elle la fraternité quand les riches deviennent de plus en plus riches et les pauvres de plus en plus pauvres ? »...

Le lendemain, la famille eut droit à un discours sur le même ton à propos des catastrophes écologiques qui menacent notre planète. S'il y a quelque chose auquel l'adolescent est particulièrement sensible, c'est l'injustice. Alors il se pose en redresseur de torts (avec lui, ses idées et son enthousiasme, ça va changer, c'est sûr !) et il entend bien participer à y remédier.

Comment répondre aux grandes envolées oratoires de ce cher Alexandre si généreux en paroles, en le faisant redescendre sur terre ? Les justes compromis entre les grandes idées et les exigences de la réalité familiale et sociale ne sont pas toujours si simples à trouver. Comment lui faire passer l'idée de négociation et de compromis, lui qui est constamment dans le tout ou rien ?

On sait que les épreuves initiatrices qui favorisent le mieux la maturation sont toujours de l'ordre d'une confrontation aux aspects les plus durs de la réalité. Peut-être alors s'agit-il de lui proposer de relever ses manches pour venir concrètement en aide aux plus démunis et de lui donner quelques pistes. Plutôt que de rester des heures devant son ordinateur, il pourrait faire quelques maraudes avec la Croix rouge ou servir la soupe aux Restos du cœur ! L'important étant de lui permettre d'ancrer ses belles pensées dans une expérience bien réelle sur le terrain et d'accepter le sens de l'effort comme une valeur inhérente à l'être humain. Viendront ensuite les beaux discours philosophiques qui n'ont aucune valeur en eux-mêmes s'ils ne sont pas enracinés dans le dur labeur d'exister...

> À l'inverse, Alexandra, elle, se réfugie dans le savoir incontestable de la science, n'estimant comme juste que ce qui est prouvable et démontrable, trouvant rassurantes les « sciences dures » comme les mathématiques ou la physique. Il reviendra alors à ses parents de lui expliquer que, dans la vie relationnelle, l'invisible de l'émotion et du sentiment fait aussi partie d'un réel incontestable et agissant. Et que vouloir nier cette réalité risque de lui procurer beaucoup de désagréments et de souffrance.

Et face à tout cela, qu'en est-il de la scolarité ? Sauf s'il a un projet professionnel solide qui lui permet de dépasser toutes les absurdités, l'adolescent supporte mal le moule normatif dans lequel le système éducatif veut le faire rentrer.

Il semble que, de nos jours, la **phobie scolaire** soit en augmentation. Derrière la simple apparence du refus de se lever tôt, d'affronter la *« débilité des professeurs »*, derrière les arguments comme *« on ne nous apprend que des choses qui ne servent à rien »* ou *« l'école c'est nul, de toute façon je serai chômeur »*, il faut repérer l'impression de ne jamais être à la hauteur de ce qui est demandé, l'angoisse de l'avenir et le refus d'acquérir les outils de son autonomie. Le refus scolaire est un moyen de rester en fusion avec une famille qui, aussi insatisfaisante soit-elle, reste néanmoins un refuge sécurisant contre la dangerosité du monde. Accepter par manque d'argument ou par faiblesse qu'un adolescent arrête l'école sans projet (apprentissage, alternance, stage à l'étranger...) c'est non seulement handicaper lourdement son avenir mais également le laisser s'enferrer dans une passivité dont il aura bien du mal à se sortir. Il ne faut pas accepter les *« je ne sais pas quoi faire comme métier alors j'attends la motiv' »*. Le laisser devant la télé à longueur de journée est une démission grave. Le dialogue qui peut s'instaurer doit poser comme a priori le refus absolu de rester sans rien faire.

Qu'il soit encore dans le système classique du lycée, en formation professionnelle ou en apprentissage, beaucoup de connaissances qu'on lui demande d'assimiler lui semblent dépourvues d'intérêt et sans rapport avec ses sujets de préoccupation. C'est justement à ce propos que doit s'établir la communication, pour établir des ponts entre les différents plans de pensée, les grandes idées et la réalité. Pour la plupart des jeunes, il y a une incompatibilité absolue entre le travail et les loisirs. Plutôt que de partir de la nécessité d'acquérir une profession, on peut partir des centres d'intérêt et des qualités du jeune pour rechercher une voie professionnelle qui ne fera peut-être pas partie des circuits classiques. Les conseillers d'orientation sont pleins de ressources pour dénicher des métiers peu connus et les formations pour y parvenir.

La dimension spirituelle

Il ne faut pas confondre spiritualité et religion. Nous entendons par spiritualité cette fonction essentielle et incontestable de l'homme qui, doté d'un esprit en même temps que d'un corps, se pose des questions sur ce qu'est l'homme, sur l'essence du monde, sur l'essence de la vie, sa signification, les valeurs dont elle est faite et sur la mort. En élargissant le concept, on peut parler de spiritualité dès qu'on se rend compte que la seule matérialité ne peut combler nos besoins ni nous satisfaire pleinement. On se met alors à chercher des réponses dans différents courants de pensée, philosophiques, idéologiques, religieux et autres. On peut être d'une très grande spiritualité sans être aucunement croyant.

L'adolescence est, nous l'avons déjà vu, une grande période de quête de sens. Et, sauf s'il est d'une famille où la spiritualité a sa place et qu'il adhère à ses références, il se trouve perdu dans l'absurdité de son existence insensée.

Il peut y avoir trois attitudes :

- la course effrénée dans la matérialité, avec la négation – voire l'ignorance totale – de la dimension spirituelle ;
- la recherche d'un courant de pensée, d'un mouvement philosophique, idéologique, politique, spirituel ou religieux lui apportant des réponses qui lui conviennent ;
- l'échappement « par le haut », c'est-à-dire la pratique d'expériences non contrôlées – souvent avec prise de substances plus ou moins illicites – qui lui donnent une impression de pouvoir et de supériorité, en le coupant à la fois du réel et de la véritable spiritualité.

Alexandre rentre un soir très pâle, abattu et en proie à une peur évidente. Pressé de questions, il raconte que des copains de sa classe se sont « amusés » à faire des expériences sataniques (il n'en dira pas plus) décrites sur un site d'Internet. À la suite de cela, l'une de ses amies a fait un délire et vient d'être hospitalisée en service psychiatrique.

Quand on rentre dans la question des croyances, le problème est très délicat, car c'est la liberté de chacun. Et vouloir empêcher un adolescent de mener sa recherche sur des voies qui lui semblent justes n'est pas une bonne chose. Mais quel parent n'a pas eu peur que, dans sa quête, son enfant ne fasse des mauvaises rencontres, ne fasse des expériences absurdes et risquées ou ne tombe aux mains d'une secte dangereuse ?

Selon le dictionnaire, la notion de **secte** correspond à un rassemblement de personnes professant une même doctrine (Larousse). Dans notre société ce terme a malheureusement pris une connotation péjorative et il a tendance à être employé pour qualifier toute personne ayant des valeurs et des convictions, ne participant pas à la pensée matérialiste prévalente dans notre société. Nous ne ferons donc référence ici qu'aux véritables sectes, dangereuses et condamnables, qu'il s'agisse de groupuscules extrémistes religieux, politiques ou idéologiques, agissant de la manière suivante : par un subtil lavage de cerveau, ses membres sont privés de tout libre arbitre, se voyant imposer une adhésion indéfectible à la pensée ou aux convictions d'un gourou ou d'un dirigeant, devant s'y livrer corps et âme et se couper de leur famille.

> L'habilité des moyens utilisés piège les plus vulnérables – et les adolescents en font partie – en apportant une solution illusoire et fausse aux questions existentielles qu'ils se posent.
> Les sectes les plus dangereuses sont les sectes pratiquant des rituels sataniques.

Là encore, l'essentiel de la communication repose sur la confiance. Même si une pratique semble inhabituelle ou bizarre – sauf bien sûr si elle porte atteinte à l'intégrité des personnes ou des biens, là un interdit absolu s'impose ! – plutôt que de condamner purement et simplement, il sera sans doute plus fructueux de s'intéresser au sens qu'elle peut avoir et à ce qu'elle apporte vraiment à l'adolescent. « *Je ne connais pas ce dont tu me parles. Peux-tu m'en dire plus ? Qu'est-ce que ça t'apporte ? Est-ce que ta vie a changé en mieux depuis que tu pratiques cela ?...* » À partir du moment où un engagement spirituel ne met en cause ni l'intégrité ni le libre arbitre de votre adolescent, ni ne vise à le couper de vous, pourquoi ne pas le laisser expérimenter ce qu'il est en train de découvrir ? Garder le dialogue, revenir si nécessaire au bon sens de la réalité est le plus sûr moyen d'éviter les dérapages.

Il est rare que l'adolescence d'un enfant ne chamboule pas du tout au tout l'équilibre familial. Par ses sautes d'humeur, ses revendications, ses exigences, ses contradictions, l'adolescent vient perturber l'ordre établi... lui donnant par là même l'occasion de se renouveler. Nous grandissons avec nos enfants. Ils viennent nous questionner là où nous aurions eu tendance à nous endormir sur nos acquis. Plus les parents acceptent de se remettre en cause, plus ils vont aider leur adolescent sur le rude chemin de sa quête d'identité. Il ne s'agit ni de lui donner le pouvoir, ni de lui donner raison en tout, mais – à travers notre propre réflexion et notre propre évolution – de l'aider à acquérir peu à peu ce qui lui fait tellement défaut : le sens de la mesure, de la négociation et du compromis, issu de la rencontre entre la belle énergie de son monde intérieur et les limites de la réalité.

IV

La fin de l'adolescence

SELON SON ÉTYMOLOGIE LATINE, le terme adolescence signifie « être grandissant », étape entre l'enfance et l'adulte, dont l'étymologie signifie « celui qui a cessé de grandir ».

Si cela est clairement déterminé sur le plan physique, nous avons vu combien la progression psychologique est lente, faite d'allers et retours entre une avancée certaine et ce qui nous semble être une régression.

Notre vision cartésienne nous fait attendre une progression linéaire mais rien n'est linéaire dans la nature ! Ni le déroulement des journées – à la pleine lumière succède la nuit avance que renaisse le jour – ni les saisons – après l'été et les moissons arrive le froid de l'hiver, mort apparente qui précède le renouveau du printemps.

Il en est de même de cette longue conquête de soi qu'est l'adolescence. Au plus profond de la crise, alors qu'on en est (presque) à désespérer de le voir se dépêtrer de ses contradictions, il y a un rayon de soleil, une phrase qui indique une certaine conscience, une attitude que l'on n'attendait plus. À l'inverse, un temps d'apaisement, alors qu'on commençait (presque) à y croire, est suivi d'une nouvelle tempête. Difficile à suivre pour des parents !

Mais, peu à peu, avec la fin des transformations physiques, l'adolescent va commencer à changer. Ce qui va se stabiliser aussi, ce sont ses centres d'intérêt. La quête de sens et de réponse laisse bientôt place à la nécessité de s'engager dans une voie qui va progressivement s'imposer, laissant de côté ce qui semble moins essentiel. Et il va devoir choisir, prendre ses responsabilités et s'impliquer. Mais cela est délicat et entraîne questions et doutes. Il aura vraiment besoin alors de trouver quelqu'un, dans son entourage ou à l'extérieur, qui l'aide à réfléchir et à argumenter sans l'influencer ou lui dicter ses choix.

Nous sommes arrivés à un moment de la vie où de grandes décisions doivent se prendre : orientation professionnelle, premiers emplois, engagements affectifs, choix des activités, des loisirs... Beaucoup de choses s'inscrivent à ce moment-là, un peu par opportunité, un peu par influence parentale, un peu par choix...

L'accompagnement parental ne se pose plus de la même manière. Face à ce « presqu'adulte », l'écoute a surtout pour fonction de l'aider à réfléchir, de l'aider à se poser les bonnes questions qui l'amèneront à discerner dans ses projets ceux qui vont le mieux convenir à ses goûts, ses capacités et aussi aux possibilités que peut lui offrir le monde environnant. C'est l'aider à faire des choix qui auront pour effet secondaire de consolider sa personnalité.

Quand les conditions le permettent, c'est-à-dire qu'il existe une relation de confiance et de respect mutuel entre l'adolescent et ses parents, on peut l'aider considérablement en lui parlant de notre manière de voir les choses pour lui. Il ne s'agit pas de lui exposer – encore moins de lui imposer – des projets qu'il doit suivre mais de lui proposer des repères. Qu'il adhère ou pas à notre vision des choses n'a guère d'importance. C'est sa vie qu'il construit, il doit faire pour lui-même des choix fondamentaux, pas pour faire plaisir à ses parents. Mais de savoir les idées qu'on a sur lui va l'aider à se positionner. L'enfant, pour se construire, a besoin que ses parents aient des projets pour lui. L'adolescent, pour devenir adulte, a besoin de s'en distancier. Cela pourra d'autant mieux se faire que les choses auront été dites.

Il a peut-être aussi besoin qu'on lui apporte certaines informations, une logique, un bon sens qui lui font parfois défaut. Et si le dialogue n'est pas assez bon pour que cet échange ait lieu au sein de la famille, on peut tout de même l'inciter à aller le rechercher auprès d'autres adultes.

Car il y a encore bien des remous. Les incertitudes sur l'avenir, l'importance des enjeux et l'inconfort du présent entraînent encore des explosions de colère ou des attitudes de renfermement, des comportements excessifs ou des somatisations dues à l'angoisse.

Le grand adolescent

On situe la dernière période de l'adolescence entre 17/18 et 21 ans. Pour certains auteurs, elle peut aller jusqu'à 25 ans. Peu à peu se réalise de fait une certaine indépendance même si la maturité psychique et sociale n'est pas encore réellement installée. L'adolescent a maintenant la possibilité de vivre et de faire l'expérience de l'autonomie, de la sexualité et du monde des adultes, mais il n'en sera pleinement responsable qu'à sa majorité.

Majorité/maturité

L'âge de la majorité est variable d'un pays à l'autre. En France, à 18 ans, nos grands adolescents peuvent réagir globalement de trois manières :

- *« Maintenant que je suis majeur, je fais ce que je veux »*, avec une euphorie qui va se heurter bien vite à la réalité, par exemple qu'il vit toujours chez vous et que, majeur ou pas, il doit encore se plier à votre manière de voir les choses. Même après 18 ans, même si les règles se sont naturellement assouplies, les parents restent néanmoins maîtres chez eux. Il est important de lui faire sentir, sans le mettre dehors bien sûr, qu'il n'est pas chez lui. Il aura, dans un futur plus ou moins proche, à investir un autre lieu comme étant son propre nid, dans lequel il pourra vivre selon ses critères à lui :
- *« Çà ne change rien à ma vie » ;* soit il est déjà entré de plain-pied dans l'âge adulte (ça, c'est plutôt rare !), soit il en est encore si éloigné que cet anniversaire des 18 ans ne représente rien pour lui ;
- *« Je suis légalement responsable de moi et de mes actes mais je ne me sens pas à la hauteur »*, avec une déprime plus ou moins importante. La valeur symbolique de la majorité est ressentie avec une sorte de dramatisation qui accentue encore l'angoisse de l'avenir.

De fait, le jour du dix-huitième anniversaire représente très rarement l'entrée dans l'état d'adulte. À part dans le dernier cas où une certaine conscience se fait jour, devenir majeur ne constitue pas le passage initiatique marquant clairement l'entrée dans l'âge adulte.

Les rituels de passage

Dans toutes les cultures traditionnelles, pour réguler les inévitables changements de sa mutation et leurs conséquences sur l'ordre social, l'adolescent mâle doit subir des cérémonies rituelles qui marquent la reconnaissance du passage de son statut d'enfant à celui d'adulte. Le jeune garçon, vers 12 ans généralement, est soumis à des cérémonies initiatiques visant à symboliser rapidement et efficacement les transformations inhérentes à la puberté. La finalité en est de l'arracher au monde des femmes (et des mères) pour l'introduire au monde des hommes, le rendant membre à part entière du clan ou de la tribu. Les rites initiatiques instaurent ainsi un ordre symbolique en établissant la transmission culturelle et psychique d'une génération à l'autre.

Lors d'une cérémonie codifiée avec précision relativement aux croyances mythiques du groupe, la transmutation adolescente est mise en acte. Le rituel se déroule sur plusieurs jours. Il se décompose globalement en trois phases : l'enfant est enlevé au groupe des femmes et maintenu isolé dans un endroit secret, puis il est soumis à une série d'épreuves où il doit affronter la mort, sous une forme ou une autre. La manière dont il vivra l'expérience et dont il surmontera sa peur sera déterminante pour l'accession à la troisième phase où, si tout s'est bien passé, il recevra la dernière initiation qui l'inscrira définitivement dans le monde des hommes. Il sera alors fêté comme un adulte à part entière.

La finalité des rites est claire : l'intégration aussi rapide et efficace que possible des adolescents à la communauté adulte en leur imposant des épreuves souvent violentes, qui exigent d'eux une soumission totale. Cela entraîne un changement d'identité rapide et brutal. Généralement, en même temps que lui sont infligées des marques corporelles, le jeune reçoit un enseignement particulier l'initiant aux secrets de la tradition, transmission qui finit de l'introniser en tant qu'adulte.

À l'inverse, plus proche de nous, dans les sociétés d'Ancien Régime, l'adolescence n'existait pas. L'enfant passait directement et sans intermédiaires du monde des femmes au monde des adultes. Il devenait tout de suite un petit homme, habillé comme les hommes, mêlé à eux, sans autre distinction que la taille. Les jeunes filles, elles, ne devenaient adultes qu'au jour de leur mariage.

Quels rites aujourd'hui ?

Le grand intérêt de la cérémonie rituelle, c'est qu'elle situe clairement le passage de l'enfance à l'âge adulte. Le jeune a ainsi une place formellement définie et il sait ce qu'on attend de lui : qu'il se comporte en adulte selon des critères bien définis par son groupe.

Mais qu'existe-t-il de commun entre ces pratiques ancestrales bien organisées et clairement situées dans le temps et les adolescences interminables d'aujourd'hui ?

Car aujourd'hui les rites propres à notre culture ont disparu, ou alors ils sont tellement édulcorés qu'ils ont perdu toute valeur symbolique. De ce fait, la période d'adolescence s'allonge largement au-delà de la puberté, au point qu'on ne sait plus vraiment quand ni comment (ni si) elle se termine. Rien n'est là pour clore la période d'adolescence d'une manière collective et institutionnalisée. Tout au plus pouvons-nous repérer quelques expériences pouvant constituer un passage symbolique : rituels religieux, examens ou concours, premières relations sexuelles, fin des études, premier travail, mariage, naissance du premier enfant... L'expérience de la « première fois » dans un domaine ou un autre peut faire œuvre de rite d'inscription dans l'âge adulte. C'est une question individuelle, ce qui fera sens d'entrée dans la vie d'adulte pour l'un ne représentera rien pour l'autre, et la valeur initiatique n'a pas cours dans une collectivité autre, éventuellement, que familiale.

L'absence de rituels laisse certains adolescents dans un manque de repères qui entraîne un désarroi insupportable. S'ils n'ont pas la chance d'avoir un cadre familial suffisamment fiable qui leur renvoie une image précise et valorisante d'eux-mêmes, ils peuvent être amenés à recourir à certaines pratiques qui auront pour eux une valeur rituelle de transformation d'identité. C'est dans ce sens que l'on peut être amené à comprendre en quoi certains passages à l'acte ressemblent étrangement à des rituels d'initiation :

- certaines formes de toxicomanies, certaines formes de suicides rappellent cette nécessité de rencontrer la mort pour confirmer son existence ;
- l'adhésion à des sectes ou à des mouvements extrémistes ou intégristes fait étrangement penser à ces initiations qui inscrivent l'individu à part entière dans un groupe ;
- même la prostitution juvénile (qui connaît depuis quelque temps un développement inquiétant) ressemble parfois à un parcours où l'adolescent tente d'affirmer son identité.

Il est facile de deviner dans quelle solitude et dans quelle perte d'identité se trouve un adolescent qui a recours à de tels agissements pour s'affirmer en tant qu'adulte ! Et c'est d'autant plus déplorable que ces soi-disant initiations ne jouent en rien le rôle de construction de l'identité ni de cohésion groupale. Là où le rituel inscrit dans la tradition renforce la vie et l'ordre, donnant sens à l'existence de l'individu au sein du groupe, ces pratiques ne sont que pure destruction. Certaines familles se révèlent particulièrement vulnérables quand le dialogue n'a pas été instauré comme mode essentiel de communication. Quand on en arrive à de telles extrémités, on ne peut que constater l'échec des relations familiales.

En dehors de ces excès, il revient à chacun de réinventer ce qui, pour lui, va constituer l'entrée dans la vie d'adulte, à partir de ses propres croyances idéologiques ou religieuses, plus ou moins en référence avec les traditions familiales. L'événement, l'acte, les circonstances qui vont marquer le passage sont investis d'une valeur symbolique qui va considérablement changer le rapport que l'adolescent entretient avec lui-même. Sa vie progressivement prend une direction qui va organiser ses choix et ses investissements, lui donnant à la fois sens et identité.

Sortir de l'adolescence

En l'absence de repères institutionnalisés, nous devons nous tourner vers d'autres arguments pour situer la fin de l'adolescence.

Ce qui est en cause dans le passage, c'est finalement l'acceptation d'entrer pleinement dans la vie d'adulte en en assumant les enjeux. C'est pourquoi nous rencontrons parfois dans la vie courante de « grands adolescents »... de 40 ans et plus, toujours dans la seule recherche du plaisir immédiat et le refus de tout engagement.

Qu'est-ce qu'être adulte ?

Être adulte, c'est s'assumer, se prendre en charge affectivement et psychologiquement, pleinement responsable de ses engagements et de ses choix, en étant finalement une « bonne mère » et un « bon père » pour soi. Être une « bonne mère pour soi », c'est savoir s'occuper de son corps avec bon sens : se nourrir correctement, se reposer et avoir des activités, assurer son hygiène, savoir sentir ce qui est mauvais pour soi. Être un « bon père pour soi », c'est être capable de s'imposer une certaine rigueur, savoir se maîtriser, savoir renoncer à certaines satisfactions futiles pour aller vers des orientations qui sont plus constructives. C'est être conscient de soi, et par là même être conscient de l'autre, ce qui ouvre à des valeurs de communication et de dialogue.

De manière générale, les caractéristiques de l'adulte sont de l'ordre de l'autonomie, de l'acceptation des responsabilités, du sens de l'engagement, du recours à certaines valeurs qui organisent les choix, les actions et les réactions.

L'adulte dans l'adolescent

Le grand adolescent, le jeune adulte, se comporte avec moins de réactivité et moins de révolte. Sa manière de s'habiller, de se comporter, de s'exprimer change. Il se donne les moyens de son autonomie. Il ne s'agit plus pour lui de mettre en compétition le plaisir et le travail, l'effort et la détente, le sérieux et la futilité, mais de trouver « la voie du milieu », c'est-à-dire une alternance saine entre les différentes facettes de la vie quotidienne.

C'est la question de la générosité qu'on peut avoir à l'égard de soi-même qui est posée. Que choisit-on en cas de contradiction : ce qui me fait plaisir dans l'instant ou ce qui me permet de construire ma vie ? La veille d'un examen, continuer à jouer aux jeux vidéo très tard comme d'habitude ou me coucher raisonnablement ? Continuer à boire sans limite ou m'arrêter dès que je sens ma tête tourner ?

Les notions de limites et de contraintes sont difficiles à admettre pour l'adolescent qui y voit une perte de liberté. Certes, faire des choix et prendre des engagements d'adulte demandent le renoncement à beaucoup de choses, et en particulier le renoncement à être et à avoir tout ce qu'on imagine pouvoir être ou avoir. Derrière le refus de choisir et de renoncer, il y a la peur de se tromper, de faire le mauvais choix. Car derrière tout choix il y a… une déception. On pose un choix en fonction de l'idée que l'on s'en fait. Or la réalité est toujours différente des rêves. Mais être secondairement déçu par un choix ne veut pas dire que l'on s'est trompé. Cela veut juste dire que la part d'imaginaire qu'on en avait était très importante. Trop importante sans doute. L'enjeu est alors de dépasser la déception pour pouvoir accéder à ce que le réel offre comme ressources insoupçonnées. L'adolescent a besoin d'être rassuré sur ses capacités d'adaptation et encouragé à tenir bon dans la prise de risques que représente le fait d'avoir à choisir.

Quand l'adolescent peut aborder avec cet état d'esprit les renoncements et sacrifices, il est sorti de l'adolescence.

Mais finalement, sommes-nous vraiment sûrs d'être sortis de l'adolescence ? L'état d'adulte n'est pas fini, il est toujours en construction, dans une transformation qui cherche à s'adapter à la fois aux changements externes et aux changements internes. Tout au long de notre vie, les importances changent, notre vision des choses également et, à moins de choisir de rester dans une immobilité faussement sécurisante et en tout cas sclérosante, c'est dans la mémoire de notre adolescence que nous allons trouver l'envie et l'énergie de prendre des orientations moins conventionnelles, plus « folles », qui vont nous apporter un épanouissement insoupçonné. En cela, nous pouvons être très aidés et soutenus par... nos adolescents. Ils nous reprochent assez de nous endormir dans nos petites habitudes. Et souvent, ils n'ont pas tort !

Conclusion

LE PROBLÈME de la communication avec l'adolescent ne peut pas être résolu par des recettes a priori parce qu'**il n'y a pas une mais des adolescences.** Le mode d'approche qui permet de maintenir ou de rétablir le contact avec un adolescent ne fonctionnera pas avec un autre, y compris pour les différents enfants d'une même fratrie.

La première définition du mot *communiquer* est « établir une relation avec quelqu'un » et son objectif est de transmettre des informations qui vont modifier l'état du destinataire, lequel deviendra à son tour émetteur. Il n'y a de réelle communication que lorsque chacun des interlocuteurs accepte d'être « changé » par l'autre. Il ne s'agit pas de se soumettre purement et simplement à sa vision des choses, il s'agit de s'ouvrir à ses arguments qui vont venir nuancer, assouplir et compléter les nôtres. Et, réciproquement, nos arguments vont venir assouplir son opinion. Ainsi chacun sortira nourri de cette rencontre, riche d'une ouverture plus large sur le monde et sur soi-même. Car le rapport qui peut exister entre deux personnes va bien au-delà d'un échange d'informations ou de banalités. C'est dans les réminiscences de nos angoisses et de nos enthousiasmes d'adolescence que nous pouvons fondamentalement entamer un vrai dialogue avec notre adolescent. À son tour, se sentant compris, il va accepter que nous l'aidions dans ce passage.

Il y a globalement deux manières de réagir aux tracas que provoque l'adolescence :

- se blinder, se durcir, camper dans ses positions… Le rapport de force qui va inévitablement se mettre en place aboutira à une rupture explicite ou implicite, la relation se bornant tout au plus à des rapports de politesse ;
- nous ouvrir à ce que, nous-même, adolescent, avons vécu et ressenti, tout en restant dans notre position d'adulte. Il n'est malheureusement pas rare de voir des parents retomber en adolescence quand leur enfant arrive à cette période, ce qui ne fait que renforcer les problèmes identitaires de ces derniers !

- ⇨ Pour bien communiquer avec nos adolescents, acceptons de revisiter nos propres blessures « d'ex-adolescent » qu'ils viennent réveiller par leurs provocations, aussi bien par leur agressivité que par leur mutisme. C'est en recontactant de quelle manière on s'en est soi-même sorti que l'on pourra trouver la juste position et principalement ce qui, en redonnant du sens à notre vie, nous a servi de socle solide pour ancrer notre verticalité d'adulte.

- ⇨ Pour bien communiquer avec nos adolescents, cessons de les voir comme des individus mauvais, méchants ou dangereux, mais comme des êtres en transformation qui souffrent d'une grave perte de repère et d'identité et qui ont avant tout besoin à la fois de règles solides, d'écoute et de compréhension.

- ⇨ Pour bien communiquer avec nos adolescents, recherchons plutôt « comment être » dans la justesse et l'authenticité plutôt que « quoi faire ».

- ⇨ Pour bien communiquer avec nos adolescents, nous avons besoin de beaucoup de patience, de solidité intérieure, de confiance – en leurs propres ressources et dans leurs propres capacités à l'accompagner – et d'amour.

Être parent d'un adolescent, c'est un travail d'équilibriste. Peut-être, avant toute chose, s'agit-il de consentir à laisser vivre à nouveau en nous ce petit morceau d'adolescence qui nous fait nous sentir vraiment vivant...

Bibliographie

Anzieu Didier, *Le psychodrame analytique – Chez l'enfant et l'adolescent,* Paris, PUF, 2004.

Braconnier Alain, *Le guide de l'adolescent – De 10 ans à 25 ans,* Paris, Odile Jacob, 2007.

Despinoy Maurice, *Les adolescents difficiles : Psychanalyse et éducation spécialisée,* Paris, Dunod, 2004.

Dolto Françoise, Dolto Catherine et Percheminier Colette, *Paroles pour adolescents – Ou le complexe du homard,* Paris, Gallimard Jeunesse, 1978.

Habimana Emmanuel, *Psychopathologie de l'enfant et de l'adolescent,* Paris, PUF, 1999.

Jung Carl Gustav, *Dialectique du moi et de l'inconscient,* Paris, Gallimard, 1966.

Kestemberg Évelyne, *L'adolescence à vif*, Paris, PUF, 1998.

Pommereau Xavier, *Quand l'adolescent va mal*, Paris, J'ai lu, 2003.

Sonet Denis et Debelle Bernard, *Leur premier baiser – Parents et adolescents face à la sexualité*, Paris, Saint-Augustin, 2008.

Présentation de *PsychoEnfants*

Fondé en 2005, *PsychoEnfants* est un magazine spécialisé en psychologie de l'enfant âgé de 0 à 16 ans. À la croisée des courants, il se positionne comme le relais simplifié d'une psychologie en pleine évolution sur le plan épistémologique, clinique, biologique... S'y côtoient psychanalyse, cognitivisme et neurologie dans le but d'offrir à chaque parent des pistes de réflexions et des outils éducatifs.

PsychoEnfants est également le seul parental à proposer des dossiers de fond d'une quinzaine de pages sur des thèmes éducatifs centraux : la confiance en soi (comment la transmettre à ses enfants ?), l'autorité (comment se faire obéir sans crier ?), les relations frères-sœurs (comment gérer les jalousies ?), les liens d'attachements parents-enfants (comment apporter un amour fort et équilibrant à son enfant ?), etc.

PsychoEnfants est aussi présent sur Internet sur www.psychoenfants.fr. Ce site met à disposition de chaque parent des articles de fond, des astuces pour gérer son enfant au quotidien, des forums de discussion ainsi qu'un coin « courrier des lecteurs ». Objectif : répondre au souhait grandissant des parents d'aujourd'hui : comprendre et se comprendre pour mieux transmettre.

Achevé d'imprimer sur rotative par l'Imprimerie Darantiere à Dijon-Quetigny en février 2010 - Dépôt légal : mars 2010 - N° d'impression : 10-0205

Imprimé en France

IMPRIM'VERT
Votre imprimeur agit pour l'environnement

Dans le cadre de sa politique de développement durable, l'imprimerie Darantiere a été référencée IMPRIM'VERT® par son organisme consulaire de tutelle. Cette marque garantit que l'imprimeur respecte un cycle complet de récupération et de traçabilité de l'ensemble de ses déchets.